CAMBRIDGE LIBRARY COLLECTION

Books of enduring scholarly value

Archaeology

The discovery of material remains from the recent or the ancient past has always been a source of fascination, but the development of archaeology as an academic discipline which interpreted such finds is relatively recent. It was the work of Winckelmann at Pompeii in the 1760s which first revealed the potential of systematic excavation to scholars and the wider public. Pioneering figures of the nineteenth century such as Schliemann, Layard and Petrie transformed archaeology from a search for ancient artifacts, by means as crude as using gunpowder to break into a tomb, to a science which drew from a wide range of disciplines - ancient languages and literature, geology, chemistry, social history - to increase our understanding of human life and society in the remote past.

Südamerikanische Felszeichnungen

The German ethnologist and explorer Theodor Koch-Grünberg (1872–1924) discusses the origin and significance of rock art in South America in this study, originally published in 1907. In the first part of the book Koch-Grünberg traces the earliest mention of Brazilian rock art to an eighteenth-century German explorer and gives a wide-ranging account of rock paintings found in South America, engaging critically with the interpretations proposed by some of his fellow scholars. In the second part of the work, the author reproduces (either as drawings or photographs) 29 rock paintings that he himself discovered during one of his expeditions to the Yapurá River and the Rio Negro (Venezuela) in 1903-1905. He comments on the characteristics and significance of each of the paintings and assesses their impact within the larger ethnological context of the indigenous tribes of that area.

Cambridge University Press has long been a pioneer in the reissuing of out-of-print titles from its own backlist, producing digital reprints of books that are still sought after by scholars and students but could not be reprinted economically using traditional technology. The Cambridge Library Collection extends this activity to a wider range of books which are still of importance to researchers and professionals, either for the source material they contain, or as landmarks in the history of their academic discipline.

Drawing from the world-renowned collections in the Cambridge University Library, and guided by the advice of experts in each subject area, Cambridge University Press is using state-of-the-art scanning machines in its own Printing House to capture the content of each book selected for inclusion. The files are processed to give a consistently clear, crisp image, and the books finished to the high quality standard for which the Press is recognised around the world. The latest print-on-demand technology ensures that the books will remain available indefinitely, and that orders for single or multiple copies can quickly be supplied.

The Cambridge Library Collection will bring back to life books of enduring scholarly value (including out-of-copyright works originally issued by other publishers) across a wide range of disciplines in the humanities and social sciences and in science and technology.

Südamerikanische Felszeichnungen

Theodor Koch-Grünberg

CAMBRIDGE UNIVERSITY PRESS

Cambridge, New York, Melbourne, Madrid, Cape Town, Singapore,
São Paolo, Delhi, Dubai, Tokyo

Published in the United States of America by Cambridge University Press, New York

www.cambridge.org
Information on this title: www.cambridge.org/9781108017404

© in this compilation Cambridge University Press 2010

This edition first published 1907
This digitally printed version 2010

ISBN 978-1-108-01740-4 Paperback

This book reproduces the text of the original edition. The content and language reflect
the beliefs, practices and terminology of their time, and have not been updated.

Cambridge University Press wishes to make clear that the book, unless originally published
by Cambridge, is not being republished by, in association or collaboration with, or
with the endorsement or approval of, the original publisher or its successors in title.

SÜDAMERIKANISCHE FELSZEICHNUNGEN

Dr. Theodor Koch-Grünberg

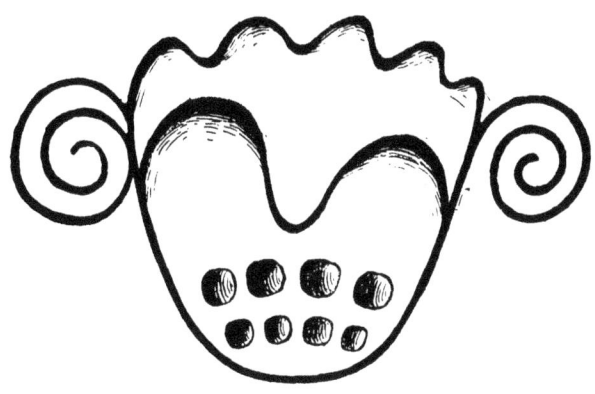

SÜDAMERIKANISCHE FELSZEICHNUNGEN

DR. THEODOR KOCH-GRÜNBERG

VERLEGT BEI ERNST WASMUTH A.-G.
BERLIN 1907

Einleitung.

> Gutta cavat lapidem,
> Non vi, sed saepe cadendo.

Kaum ein Überrest aus alter Zeit in Südamerika hat bei den Gelehrten so viele verschiedene und sich widersprechende Meinungen hervorgerufen, wie die Zeichen und Figuren, die man von Menschenhand in die Felsen eingegraben findet.

Viele haben sich vergeblich bemüht, diese „Hieroglyphen" zu enträtseln. Man hielt sie für eine „Bilderschrift", Mitteilungen einer höher entwickelten, ausgestorbenen Bevölkerung oder für geheimnisvolle „Inschriften" eines erloschenen Kultes. Hierfür schien ihre Übereinstimmung und ihre weite Verbreitung zu sprechen, denn man findet derartige Felsbilder über den größten Teil Südamerikas verstreut, vor allem im Tiefland des Amazonenstroms und im ganzen Norden.

Das Bildermaterial, das ich hier auf Tafel 1 bis 29 zum erstenmal der Öffentlichkeit übergebe, habe ich auf meinen Reisen in den Flußgebieten des oberen Rio Negro und Yapurá (1903—1905) an Ort und Stelle genau kopiert. Ich will versuchen, an der Hand dieser Kopien die Entstehung der Felsbilder zu erklären, so wie sie mir während meines zweijährigen Aufenthaltes unter den Indianern allmählich klar geworden ist.

Im ersten Teil dieser Arbeit gebe ich dazu einen möglichst umfassenden Überblick über die Felsbilder aus dem Gebiet der südamerikanischen Naturvölker und über die Urteile der verschiedenen Forscher. Die Felszeichnungen aus den Cordilleren sind hierbei nicht näher berücksichtigt, da sie zum Teil einen ganz anderen Charakter tragen und sich in Gegenden finden, die im Bereich hoher Kulturen standen.

Diese Schrift ist gewissermassen eine Ergänzung meiner Sammlung von Indianer-Handzeichnungen „Anfänge der Kunst im Urwald", mit denen die Felsbilder, wie wir sehen werden, in engem Zusammenhang stehen.

Nikolassee-Berlin, im Mai 1907.

Dr. Theodor Koch-Grünberg.

I.

Der erste Reisende, der von solchen Felsbildern berichtet, war der Chirurg Nicolas Hortsmann aus Hildesheim. Trotz seines Mißgeschicks auf der Suche nach dem sagenhaften Dorado führte er ein genaues Tagebuch, in das er täglich alles niederschrieb, was ihm bemerkenswert erschien. An den Fällen des Rupununi, eines linken Nebenflusses des Essequibo, fand er im Jahre 1749 „Felsen bedeckt mit Figuren" oder, wie er sich portugiesisch ausdrückt, „de varias letras".

Alexander von Humboldt, der eine Abschrift dieses Tagebuches besaß, meint, das Wort Buchstaben habe man nicht in seinem eigentlichen Sinn zu nehmen. Auch ihm zeigte man „am Felsen Culimacari am Ufer des Cassiquiare (Abb. 1) und im Hafen von Caycara am unteren Orinoko Striche, die man für aneinander gereihte Buchstaben hielt. Es waren aber nur unförmliche Figuren, welche die Himmelskörper, Tiger, Krokodile, Boas und Werkzeuge zur Bereitung des Maniocmehls vorstellen sollen." An den bemalten Felsen (piedras pintadas), wie man allgemein in Südamerika diese mit Figuren bedeckten Steine nennt, sei durchaus keine symmetrische Anordnung, keine regelmäßige Abteilung in Schriftzeichen zu bemerken. Die reihenweise angeordneten Felsbilder in den Höhlen von Uruana am Orinoko näherten sich allerdings einer Buchstabenschrift mehr, doch müsse man sehr bezweifeln, daß diesen Zügen ein Alphabet zugrunde liege.[1])

Humboldt fand diese Felszeichnungen zwischen dem zweiten und vierten Grade nördlicher Breite über eine waldige Ebene zerstreut, die von vier Flüssen, Orinoko, Atabapo, Rio Negro und Cassiquiare, eingeschlossen ist. Dieses gewaltige Gebiet ist heute größtenteils völlig menschenleer. „Die angrenzenden Völkerstämme sind auf der untersten Stufe menschlicher Bildung, nackt umherziehendes Gesindel, weit entfernt, Hieroglyphen in Stein zu graben."[2])

Vielfach werden diese Felsbilder von den Indianern mit ihren Mythen und Legenden in Beziehung gebracht. „Bei Caycara, am „Cerro del Tirano", sieht man Bilder von Sonne und Mond eingehauen. „Das ist ein Werk der Alten" (d. h. unserer Väter), sagen die Eingeborenen."[3])

„Einige Meilen von Encaramada erhebt sich mitten aus der Savane der Felsen Tepu-mereme, d. h. der gemalte Felsen; er

---

[1]) Alexander von Humboldt's Reise in die Aequinoctial-Gegenden des neuen Continents. In deutscher Bearbeitung von Hermann Hauff. Bd III S. 80, Bd. IV S. 132. Stuttgart 1859.
[2]) Alexander von Humboldt: Ansichten der Natur. Bd. I S. 238. Stuttgart 1859.
[3]) Reise: IV. 194.

zeigt mehrere Figuren von Tieren und symbolische Züge, die viel Ähnlichkeit mit denen von Caycara haben."[1])

Häufig befinden sich diese Figuren in bedeutender Höhe auf Felsenwällen, die jetzt nur mittelst außerordentlich hoher Gerüste zugänglich sein würden. Zur Zeit der großen Flut, so erzählen die Tamanaken, als alle Menschen bis auf ein Paar ertranken, sei ihr Stammvater Amalivaca im Kanú in solcher Höhe umhergefahren und habe die Bilder in die Felsen eingegraben.[2])

Abb. 1. Felszeichnungen am Cassiquiare.

Humboldt's Beurteilung der Felsbilder zeigt manche Widersprüche. Er leugnet zwar ausdrücklich ihre religiöse Bedeutung, hält sie aber für „Spuren einer alten Zivilisation, die vielleicht einer Epoche angehöre, wo die Rassen, die wir heutzutage unterscheiden, nach Namen und Verwandtschaft noch unbekannt waren. Selbst die Ehrfurcht, welche man überall gegen diese rohen Skulpturen der Altvordern hegt, beweise, daß die heutigen Indianer keinen Begriff von der Ausführung solcher Werke hätten."[3])

An einer anderen Stelle sagt er jedoch: „Ich begreife nicht, daß diese Bilder beweisen, daß ihre Verfertiger den Gebrauch des Eisens gekannt, auch nicht, daß sie auf eine bedeutende Kulturstufe hinweisen; setzte man aber auch voraus, sie haben keine symbolische Bedeutung, sondern seien rein Erzeugnisse müssiger

---

[1]) Ansichten: I. 240. Reise: III. 62.
[2]) Reise: III. 62, IV 132. Ansichten: I. 244.
[3]) Reise: III. 62, IV. 132. Ansichten: I. 37, 244.

Jägervölker, so müßte man doch immer annehmen, daß vor den Völkern, die jetzt am Orinoko und Rupununi leben, eine ganz andere Menschenart hier gelebt."[1])

Und weiter: „Man vergesse nur nicht, daß Völker sehr verschiedenartiger Abstammung in gleicher Rohheit, in gleichem Hang zum Vereinfachen und Verallgemeinern der Umrisse, zur rhythmischen Wiederholung und Reihung der Bilder durch innere geistige Anlagen getrieben, ähnliche Zeichen und Symbole hervorbringen können."[2])

Die venezuelanischen Felsritzungen sind in neuerer Zeit von mehreren Forschern abgebildet, beschrieben und erläutert worden. Dieselben Bilder werden auf die verschiedenste Weise gedeutet.

Als gänzlich absurd übergehe ich die Ansicht des italienischen Ingenieurs Orsi di Mombello, der sich durch gewisse Ähnlichkeiten in den Felsbildern Venezuelas und Abessiniens verleiten läßt, die südamerikanischen Indianer mit Phöniziern und Ägyptern in Beziehung zu setzen.[3])

Auch A. Ernst verirrt sich mit seinen Erklärungen in die dunkelsten Labyrinte der Hypothese. Nach seiner Ansicht handelt es sich bei diesen Felsbildern in den seltensten Fällen um müssige Spielerei; meistens sind sie entweder Darstellungen wirklicher Begebenheiten, oder Wege- und Eigentumszeichen, vielleicht auch manchmal symbolischer Natur. Der sogenannte „Stein des Jaguar" (piedra del Tigre) im venezuelanischen Küstengebirge, der zahlreiche sehr primitive Darstellungen menschlicher Köpfe und die plumpe Figur eines Vierfüßlers, vielleicht Jaguars, zeigt, „soll das Andenken an einen besonders denkwürdigen Angriff seitens dieses Raubtieres verewigen. Dann könnten die Köpfe vielleicht getötete Personen andeuten, und wäre auch der unverkennbare Ausdruck des Schreckens (!) in den beiden Figuren dicht über und unter der Tiergestalt erklärlich." Kreise, die durch Linien mit einander verbunden sind, hält der phantasievolle Forscher für „Darstellungen topographischer Verhältnisse". In mehreren konzentrischen Kreisen dicht nebeneinander sieht er „Sonnenbilder", die als solche vielleicht „Tage oder Tagereisen bis zu einem gewissen Punkte oder einer Niederlassung" bezeichnen.[4])

Abb. 2.

Je zwei konzentrische Kreise, die sich berühren und von denen radienförmig Striche ausgehen (Abb. 2), sollen sich sogar „sicherlich auf eine

---
[1]) Reise: IV. 137.
[2]) Ansichten: I. 239.
[3]) Conte G. Orsi di Broglia di Mombello: Sculture di indigeni dell' Alto Orenoco. Bollettino della Società geografica Italiana. Serie III. Volume III. p. 474—479. Roma 1890.
[4]) Ernst's Hypothesen haben andere zu noch phantastischeren Deutungen der venezuelanischen Bilderfelsen begeistert. Vgl. Kurt Taubner: Zur Landkartenstein-Theorie, in: Zeitschrift für Ethnologie, Bd. 23 S. 251—258 und Taf. I. Wenn man so willkürlich verfährt, kann man aus den Felszeichnungen schließlich alles herauslesen.

astronomische Begebenheit, wie das scheinbare Zusammentreffen zweier Planeten (beispielsweise Venus und Jupiter) beziehen." Konzentrische Kreise im Zusammenhang mit anderen Linien werden als „die Zeichnung von Nebensonnen" erklärt.

Abb. 3.

Wie gefährlich es ist, Felsritzungen zu deuten, zumal wenn man sie nicht selbst gesehen und kopiert hat, das zeigt das nebenstehende Bild (Abb. 3), das Ernst nach einer Kopie des Italieners Orsi di Mombello wiedergibt. Seiner Ansicht nach stellt es „höchst wahrscheinlich" einen Rochen dar. „Die breiten Brustflossen und der mit einem seitlichen Stachel bewehrte Schwanz scheinen wenigstens für eine solche Annahme zu sprechen."[1]) Diese Kopie ist ganz unvollständig und bei Ernst auch noch verkehrt gestellt. In Wirklichkeit stellt diese schöne und große Felsritzung in der Hauptsache wohl einen menschlichen Kopf mit kompliziertem Federschmuck dar, wie auf der ausgezeichneten Photographie (Abb. 4) von der Hand meines Freundes und zeitweiligen Reisegefährten Alfred Stockman aus London deutlich zu erkennen ist.

Marcano zieht in seiner trefflichen „Ethnographie précolombienne du Venezuela" auch die Felsritzungen des Orinokotals in den Kreis seiner Betrachtungen. Er will in ihnen keine Hieroglyphen sehen, hält sie aber für symbolische Zeichen, um Gedanken auszudrücken, für eine Art Bilderschrift, wie sie die nordamerikanischen Indianer gebrauchen, wenn auch nach einem anderen heute nicht mehr zu deutenden System. Er schließt sich hierin der Ansicht Garrick Mallery's[2]) an. In scharfer Polemik gegen Humboldt verwirft er die Annahme, daß die Felsbilder das Werk zivilisierter Völker seien, die lange vor der spanischen Eroberung diese Gegenden bewohnt hätten, indem er hervorhebt, es sei doch erstaunlich, daß diese Völker dann keine anderen Spuren ihrer Kultur hinterlassen hätten. Felsritzungen seien zu allen Zeiten, auch nach Ankunft der Spanier, ausgeführt worden, und die Fertigkeit der Bilderschrift finde sich bei den primitivsten Völkern. Die Übereinstimmung gewisser Felsbilder mit Ornamenten, die von den Piaroa, den heutigen Bewohnern dieser Gegenden angewendet werden, glaubt Marcano darauf zurückführen zu dürfen,

---

[1]) A. Ernst: Petroglyphen aus Venezuela. Zeitschrift für Ethnologie Bd. 21 S. 650 bis 655. Berlin 1889.
[2]) Garrick Mallery: Picture-writing of the American Indians. Annual Report of the Bureau of Ethnology to the secretary of the Smithsonian Institution. 1888—1889. Besonders: p. 142—160. Washington 1893.

daß die modernen Indianer diese Muster von den Felszeichnungen übernommen hätten.[1])

Von dem „Indianerstein" (Piedra de los Indios), einem im Tal von San Esteban, eine Legua südlich von Puerto Cabello (Venezuela), dicht am Wege liegenden großen Granitblock, findet sich bei Appun eine gute Abbildung.[2]) Der Reisende beschreibt diesen merkwürdigen Felsen folgendermaßen: Er ist „mit Bilderschriften der zur Zeit der Conquista hier lebenden Indianer geschmückt."

Abb. 4. Felszeichnung von Boca del Infierno. Orinoko.

„Diese einen halben Zoll tief in den Stein eingegrabenen Zeichnungen stellen meist Schlangen und andere Tierformen, menschliche Figuren und Köpfe und spiralförmige Linien dar und weichen von denen, die ich später in Guyana, am Essequebo und Rupununi gesehen, in den Charakteren und Formen ab, sind jedoch wie diese ebenso roh ausgeführt."

„Obgleich infolge der Einwirkung des Regens und der Atmosphäre sehr verwittert, sind die Figuren doch noch deutlich zu unterscheiden

---

[1]) G. Marcano: Ethnographie précolombienne du Venezuela Région des raudals de l'Orénoque. p. 96—118. Paris 1890
[2]) Nach einer Zeichnung des Botanikers Hermann Karsten. Im königl. Museum für Völkerkunde zu Berlin findet sich unter VIII E. 1410 eine gute Photographie dieses Steins aus dem Besitz Adolf Bastians.

und es gehörte sicher eine Riesengeduld, wie sie nur Indianer besitzen, dazu, dieselben vermittelst eines Steines (denn Eisen war vor der Conquista den Indianern völlig unbekannt) in die harte Granitmasse einzugraben."[1])

Zwölf Kilometer von Atures entfernt, auf dem rechten Ufer des Orinoko, erhebt sich 250 Meter hoch aus der Savane der Cerro Pintado, ein riesiger nackter Felsen aus sehr hartem Granitporphyr, der nach Chaffanjon „ein großartiges Bild der alten indianischen Zivilisation gibt." Ungefähr in halber Höhe findet sich „la gigantesque et fantastique inscription." Die Figuren, die in dieser unzugänglichen Höhe auf die steile Felswand eingegraben sind, haben enorme Dimensionen. Die größte Figur, die eine Schlange darstellt, mißt 120 Meter Länge. Außerdem sind noch da eine große Eidechse oder Alligator, ein mächtiger Tausendfuß, ein Mensch, dessen männliches Geschlecht wohl gekennzeichnet ist, ein Vogel und einige kleinere Figuren ornamentalen Charakters. Das Ganze, meint Chaffanjon ohne besonderen Grund, solle eine „Schöpfungslegende" vorstellen.

Wie die Indianer zu der unzugänglichen Höhe emporgedrungen seien und mit welchen Werkzeugen sie gearbeitet hätten, um so tiefe und dauerhafte Einschnitte hervorzubringen, bleibe ein Rätsel.[2])

Auf dem linken Ufer des oberen Orinoko, etwas unterhalb der Mündung des Cunucunuma, stieß derselbe Reisende abermals auf drei große Felsen, auf denen Indianerzeichnungen eingeritzt waren. Doch war zur Zeit nur eine einzige über dem Wasserspiegel sichtbar. Sie stellte angeblich Menschen dar, die um einen Pfahl tanzten, auf dem eine Schlange befestigt war.[3]) Leider gibt Chaffanjon davon keine Kopie.

Jules Crevaux sah an der Mündung des Guaviare in der Nähe von San Fernando d'Atabapo Felsritzungen, die nach Aussage der umwohnenden Piapoco-Indianer von den Mamïnaïmi, zwerghaften Wasserdämonen, herrührten.[4])

Die „Zone der Bilderfelsen" wurde durch die Reisen der Brüder Schomburgk bedeutend erweitert. Zwar fanden beide nicht die Felsritzungen, die Hortsmann am Rupununi angetroffen hatte, dafür aber zahlreiche neue über ganz Britisch-Guayana verstreut bis herab zum Rio Negro.

---

[1]) Carl Ferdinand Appun: Unter den Tropen. Bd. I S. 82 und Bd. II Tafel 1. Jena 1871. Eine andere Abbildung dieses „Piedra de los Indios" nach einer Bleistiftzeichnung von Anton Goering findet sich in „Zeitschrift für Ethnologie" Bd. IX S. 223—224 und Tafel XVI. Berlin 1877.
[2]) J. Chaffanjon: L'Orénoque et le Caura. p. 189—190. Abbildung S. 189. Paris 1889. Globus; Bd. 56 (1889) S. 199 und Abbildung.
[3]) Ebenda: p. 256 und S. 218.
[4]) Jules Crevaux: Voyages dans l'Amérique du Sud. p. 525, 529, 534. Paris 1883.

Am Katarakt von Waraputa im Essequibo fand Robert Schomburgk zahlreiche Figuren „in die Felsen eingehauen, welche eine kleine Insel an seinem Fuße bilden." Sie glichen seiner Ansicht nach jenen, die er „auf St. John's, einer der Jungfrauinseln, gesehen hatte, und welche ohne Zweifel ein Werk der Cariben sind, die früher die Insel bewohnten." „Gern hätte ich", fährt der Reisende fort, „ein Stück des Felsens, der die Inschriften trug, mit mir genommen; leider aber war ich so vom Fieber erschöpft, daß die Schläge meiner großen Axt den harten Felsen nicht spalten konnten, und weder Drohungen noch Versprechungen konnten einen meiner Indianer bewegen, auch nur einen Schlag gegen diese Monumente der Zivilisation und Überlegenheit ihrer Altvordern zu führen. Sie schreiben sie dem großen Geist zu, und ihre Existenz war allen Indianern, mit denen ich zusammentraf, bekannt. Meine Verwegenheit rief die größte Seelenangst unter der armen Mannschaft hervor. Hier in der Wohnung der Geister selbst, erwarteten sie jeden Augenblick Feuer vom Himmel herabfallen zu sehen, um unsere Tollkühnheit zu bestrafen".[1]

Im Corentyn finden sich an mehreren Stellen solche Bilderfelsen. Ein gewaltiger Felsblock, den die Karaiben Timehri nennen, trägt eine Anzahl sorgfältig ausgeführter, riesenhafter Figuren, die menschliche Gestalten darzustellen scheinen. Eine dieser Figuren mißt mehr als 10 Fuß. „Der Kopfputz ist äußerst merkwürdig; er umgibt den Kopf, breitet sich beträchtlich aus und ist einem Heiligenscheine nicht unähnlich.[2]

Weniger ausgebildete Figuren entdeckte der Reisende am Cuyuwini, einem linken Nebenfluß des oberen Essequibo, und später an diesem selbst.[3] Der Cumuti- oder Taquiare-Felsen auf dem linken Ufer des Essequibo weist „indianische Charaktere auf, die sich besonders durch ihre Regelmäßigkeit auszeichnen.[4]

Auch im Berbice fand Schomburgk Granitfelsen, in die „eine Menge Figuren eingehauen" waren. Sie hatten viel Ähnlichkeit mit den Figuren von Waraputa, „nur waren sie nicht so regelmäßig und nach einem so großen Maßstabe, wie die am Cabalaba und Corentyn eingegraben.[5]

„Nach der Angabe der Indianer sollten sich 12 Meilen vom Marua (einem linken Nebenfluß des Parima, oberen Rio Branco) einige höchst merkwürdige Granitfelsen befinden, die sie Tamurumu nennen. Den höchsten dieser Felsen, der unter ihnen „das Haus des Geistes Macunaima" heißt, beschrieben sie als 300 bis 400 Fuß

---

[1] Robert Schomburgk: Reisen in Guiana und am Orinoko. S. 147. Leipzig 1841.
[2] Ebenda: S. 183, 188, 212 Fußnote.
[3] Ebenda: S. 212, 310, 311.
[4] Ebenda: S. 296, 297 und Abbildung S. 297.
[5] Ebenda: S. 212.

hoch und sagten: daß er ganz mit Hieroglyphen, gleich den Felsen an den Fällen zu Waraputa und zu Timehri, wie überhaupt am Corentyn, bedeckt sei."[1]

Einige Granitfelsen am Cassiquiare zeigen „verschiedene Zirkel und Linien," die Schomburgk ohne tiefere Berechtigung „indianische Gemäldeschrift" nennt[2] (Abb. 5 und 6).

Abb. 5. Felszeichnungen am Cassiquiare.

Einer anderen „Gemäldeschrift" begegnete er bei São Gabriel am Rio Negro. „Die Figuren bildeten eine Art Labyrinth und waren ungemein tief eingehauen; und obgleich der Fußpfad über diese Felsen führte, Tausende über sie hingegangen waren, so sind die Figuren doch noch nicht im geringsten verwischt; ein Versuch aus einer späteren Zeit, diese Figuren nachzuahmen, wobei man sich offenbar des Hammers und Meißels bedient hatte, ist beinah gänzlich vertilgt und stellt die eigentümliche Geschicklichkeit der früheren Arbeiter, wer sie auch gewesen sein mögen, um so heller an das Licht."[3]

Die besonders bemerkenswerten Felsbilder der Ilha de Pedra oberhalb Moura am Rio Negro „sind in harten Granit gearbeitet; und obschon die Atmosphäre auch auf sie eingewirkt hat, so haben

---

[1] Ebenda: S. 399.
[2] Ebenda: S. 472. Abb. 1, 4, 5, 6 nach Originalphotographien von Alfred Stockman aus London, die hier zum ersten Mal veröffentlicht werden.
[3] Ebenda: S. 486, 487.

sie doch immer noch eine Tiefe von mehreren Linien. Sie sind ungemein zahlreich und stellen Menschen, Vögel und Tiere dar. Auf einem großen Block sieht man 13 menschliche Figuren, die in einer Linie aufgestellt sind, gleichsam als ob sie tanzten; die merkwürdigsten Figuren sind aber ohne Zweifel zwei Fahrzeuge unter Segeln; das kleinere ist ein Zweimaster, das größere hat dagegen viel Ähnlichkeit mit einer spanischen Galione."[1])

„Es scheint keinem Zweifel zu unterliegen, daß diese Nachbildungen einer spätern Zeit angehören, wahrscheinlich der, wo nach der Entdeckung des Amazonenstroms die Schiffe der Conquistadores schon den mächtigsten Fluß der Welt befuhren. Die Gruppe menschlicher Gestalten, Vögel usw. soll wahrscheinlich irgend ein freudiges Ereignis darstellen; vielleicht das erste Erscheinen der Europäer auf dem Amazonenstrom."

„Auch die Indianer der Gegenwart in der Umgebung von Pedrero (Moura) sagen, daß diese Skulpturen dem Altertum angehören, und behaupten, sie seien durch anhaltende Friction mit Quarzkieseln eingegraben worden. Es mag dies der Fall sein, unser Versuch aber blieb fruchtlos, wie dies auch stets der Fall war, wenn wir mit zwei Stückchen Holz Feuer hervorrufen wollten, obgleich dies bei den Indianern ungemein schnell getan ist. Unermüdliche Geduld mag auch hier mit Erfolg gekrönt worden sein. Diese Figuren waren aber bei weitem nicht so tief eingegraben, als die am Corentyn und zu Waraputa am Essequibo."[2])

Schomburgk's Deutung dieser Felsbilder ist mehr als gewagt, denn man begreift nicht recht, warum diese regellose Zusammenstellung von Menschen- und Tierfiguren gerade auf ein „freudiges Ereignis" hinweisen soll, ganz abgesehen davon, daß „das erste Erscheinen der Europäer auf dem Amazonenstrom" für die armen Indianer selten ein „freudiges Ereignis" war.

Auch Richard Schomburgk sieht, wie Humboldt, in den Felsritzungen „Spuren einer Vergangenheit, die unverkennbar auf eine höhere Kulturstufe der Eingebornen in früherer Zeit hinweisen." Ja, er geht noch weiter und glaubt, aus der Übereinstimmung dieser Zeichen auf dem ganzen amerikanischen Kontinent und in Nordsibirien auf „eine Bevölkerung Amerikas durch asiatische Horden" schließen zu dürfen.[3])

An einer anderen Stelle drückt er sich bezüglich dieser Übereinstimmung vorsichtiger aus und sagt: „Verzichte ich auch voll-

---

[1]) Diese Felsbilder von Moura erwähnt auch Stradelli: Bollettino della Società geografica Italiana. Serie IV. Volume I p. 458. Roma 1900.
[2]) Ebenda: S. 499—501 und Abbildungen S. 500.
[3]) Richard Schomburgk: Reisen in Britisch-Guiana in den Jahren 1840—1844. Bd. I. S. 317—318. Leipzig 1847.

kommen auf die Beurteilung der vielfachen Hypothesen, die von den namhaftesten Reisenden und Archäologen über diese Überbleibsel einer unbekannten Vergangenheit und ihrer Bildungsstufe aufgestellt worden sind, so scheinen sie doch ziemlich laut einen sich seinem Wesen nach gleichen Kulturzustand der frühern viel zahlreicheren Bevölkerung zu verkündigen.[1]

Wie seine Vorgänger, begegnete Richard Schomburgk den Felsritzungen „nicht allein in den Flußtälern, sondern auch auf ansehnlichen Höhen" und erhielt auf seine Fragen an die Eingebornen, wer diese Bilder gemacht habe, überall die Antwort: „Unsere Vorväter, als noch die großen Wasser die Erde bedeckten und jene auf Corials (Booten) die Berge befuhren."[2]

Abb. 6. Felszeichnungen am Cassiquiare.

Die Felsbilder des Waraputa-Falles, von denen der Reisende charakteristische Abbildungen gibt, waren „drei bis sechs Linien tief in den festen Granit eingegraben, ohne daß auch nur irgend eine Spur von Symmetrie in dem Größenverhältnis der einzelnen zueinander stattfände, da manche nicht ganz einen Fuß, andere dagegen bis über zwei und noch mehr maßen. Außer mehren Nachbildungen von menschlichen Figuren, denen sich auch solche von Tieren anschlossen, kehrten namentlich, nur durch Größe und einzelne Modifikationen unter sich etwas verschiedene Schnecken-

[1] Ebenda: Bd. II S. 225.
[2] Ebenda: Bd. I S. 318.

linien wieder," die Schomburgk vielfach an „semitische Sprachzeichen" erinnerten. „Bedenkt man die Härte des Gesteins", fährt der Reisende fort, „ferner, daß bei der Entdeckung Amerikas die Bewohner das Eisen ebensowenig, als jetzt noch die Stämme des Innern, kannten, so muß man annehmen, daß viele Jahre darüber hingegangen sein mögen, ehe diese Skulpturen in einer solchen Tiefe eingegraben werden konnten, wenn man diese nicht als Zeugen einer untergegangenen, höhern Kulturstufe der vorgeschichtlichen Periode Amerikas annehmen will."[1]

Auf der Reise zum Roraima-Gebirge entdeckten die beiden Forscher an senkrechten Wänden aus Sandstein „eine ganze Reihe Bilderschriften."

„Leider war bereits ein großer Teil in Folge der Einwirkung des Regens und der Atmosphäre verwittert. Es waren meistenteils rohe Darstellungen menschlicher Figuren, Kaimans und Schlangen, wodurch sie wesentlich von den Hieroglyphen des Waraputa-Falles abwichen. . . . Als die Indianer die Bilderzeichen bemerkten, riefen sie mit gedämpfter Stimme: „Makunaima, Makunaima (Gott, Gott)!"[2]

Auf dem Taquiari- oder Comuti-Gebirge am Essequibo erheben sich zwei riesige Steinsäulen, von denen die eine mehrere „indianische Skulpturen" trägt, die durch ihre Regelmäßigkeit und Symmetrie die bei Waraputa übertreffen. Zittern und Zagen ergriff die indianischen Begleiter Schomburgks, die zum ersten Mal vorüberkamen; sie sahen in jenen Säulen die Wohnung eines bösen Geistes, der jedes Anschauen seiner Behausung mit dem Tode des Neugierigen in der nächsten Stromschnelle bestrafen würde. Sobald man daher in die Nähe der unheilbringenden Felsen kam, wurde den Novizen eine Menge Tabaksaft in die Augen gespritzt und es ihnen dadurch unmöglich gemacht, der inneren verlockenden Stimme zu folgen. Denn der heftige Schmerz, den diese beizende Lauge erregte, hinderte sie, die Augen zu öffnen und den Blick zu den gefürchteten Warten zu erheben. Erst als die verhängnisvolle Stelle passiert war, wurde es den Gequälten gestattet, die Augen auszuwaschen.[3]

Wiederum werden also die Felsritzungen mit der Geisterwelt in Verbindung gebracht, wenn auch hier die sonderbare Form der beiden Steinsäulen die erste Anregung zu diesem Glauben gegeben hat, da „jede auffallende Bildung einer Gesteinsmasse dem Indianer auch der Wohnsitz eines bösen Geistes ist, und er nie ohne die größte Angst an solchen Orten vorübergehen wird."[4]

---

[1] Ebenda: Bd. I. S. 319.
[2] Ebenda: Bd. II. S. 224/225. Vgl. auch: Bd. I. S. 319.
[3] Ebenda: Bd. I. S. 328/329.
[4] Ebenda: Bd. I. S. 329.

Auch im Quellgebiet des Trombetas wurden von Robert Schomburgk Bilderfelsen nachgewiesen.[1]

Beide Reisende betonen die Übereinstimmung mancher Felszeichnungen mit Mustern in der Ornamentik der heutigen Indianer. So hatte unter den Karaiben ein Knabe auf seine Schenkel einige der Figuren gemalt, die sich an dem Felsen Timehri und auf einigen Blöcken in der Nähe des großen Kataraktes des Berbice finden.[2]

Die Schamschürzen der Makusi-Frauen bestanden in einer Art Perlenstickerei mit schönen, eckigen Figuren à la grec, die einige Ähnlichkeit mit jenen Felsbildern hatten, die sich in Waraputa fanden. Dieselben Figuren sah man auch mit weißem Ton, roten oder schwarzen Farben an die Wände der Hütten, an die Ruder, Corials (Boote), Waffen usw. roh mit den Fingern oder einem Stück Holz gemalt. Eigentümlich ist es, daß sich nur die Weiber mit der Malerei beschäftigen und z. B. auch Waffen und Instrumente, die der Mann verfertigt hat, mit künstlich verschlungenen Ornamenten versehen.[3] Daher mag es auch kommen, daß Robert Schomburgk bei den Tarumá des Cuyuwini auf seine Frage, wer die Felsbilder eingegraben habe, zur Antwort erhielt: „Das sei vor langer, langer Zeit von Weibern getan worden."[4]

Von einem Bilderfelsen in der Nähe des Indianerdorfes Watuticaba im Quellgebiet des Rupununi gibt Appun eine „getreu nach dem Original kopierte" Zeichnung. Die Figuren waren etwa einen halben Zoll tief in das feste Gestein eingegraben, ohne die geringste Symmetrie in dem Größenverhältnis zu einander, da einige nicht ganz einen Fuß, andere dagegen zwei und mehr Fuß hoch waren. Ihr Ursprung datiert, nach Appun's Ansicht, jedenfalls in die ältesten Zeiten zurück, und die Eingeborenen jener Gegenden wissen über sie keinen anderen Aufschluß zu geben, als daß sie von ihren Vorfahren gemacht seien.[5]

Eine genauere Beschreibung dieser Felsbilder wollte der Forscher im dritten Band seines Reisewerkes geben, an dessen Abfassung er durch seinen tragischen Tod verhindert wurde.

Charles Barrington Brown, der im Anfang der siebziger Jahre des vorigen Jahrhunderts Britisch Guayana zwecks geologischer Beobachtungen in verschiedenen Richtungen durchreiste, fand an mehreren Orten zahlreiche Felsritzungen, von denen er sorgfältige Kopien anfertigte. Er gibt dazu folgende Erklärungen:

---

[1] Ebenda: Bd. II. S. 475.
[2] Robert Schomburgk: a. a. O. S. 258.
[3] Richard Schomburgk: a. a. O. Bd. I. S. 358.
[4] Robert Schomburgk: a. a. O. S. 310.
[5] C. F. Appun: a. a. O. Bd. II. S. XII und Abbildung Tafel 2.

„Diese Figuren sind aus größerer oder geringerer Entfernung sichtbar, im Verhältnis zur Tiefe ihrer Rillen. In einigen Fällen sind sie auf den Felsen am Ufer des Flusses schon in einer Entfernung von 100 Metern deutlich zu erkennen; in anderen Fällen dagegen sind sie so schwach, daß man sie nur bei gewisser Beleuchtung durch den Widerschein ihrer polierten Oberfläche wahrnehmen kann. Sie kommen auf Grünstein, Granit, Quarz-Porphyr, Gneis und Jaspis-Sandstein vor, sowohl in vertikaler wie in horizontaler Stellung in verschiedener Höhe über dem Wasserspiegel. Manchmal kann man sie nur während der trockenen Jahreszeit bei niedrigem Wasserstande sehen, wie in verschiedenen Fällen am Berbice und Cassikytyn. Am Corentyn stehen die Zeichen an einer Stelle so hoch über dem höchsten Wasserstande des Flusses, daß sie nur mit Hilfe eines Gerüstes ausgeführt sein können, wenn nicht der Fluß zur Zeit ihrer Entstehung bedeutend über seine gewöhnliche Höhe gestiegen war. Die Breite der Furchen variiert zwischen $1/2$ und 1 Zoll, während die Tiefe $1/4$ Zoll niemals überschreitet. Manchmal sind die Zeichen fast gleich mit der umgebenden Oberfläche des Felsens."

„Bei ihrem heutigen verwitterten Zustande", meint Brown, „ist es schwer zu sagen, mit welcher Art Instrument sie ausgeführt sind. Er neigt zu der Annahme, daß sie mit einem spitzen Eisenwerkzeug roh eingeschnitten und danach durch Reiben mit einem Stein geglättet wurden, da mehrere unfertige Figuren dies Aussehen hätten. Vielleicht seien auch nur einige auf diese Weise ausgeführt, während andere bloß durch Reiben mit Steinen oder mit einem Stück Holz und feuchtem Sand hergestellt wurden."

„Die heutigen Indianer haben keine Überlieferung über diese „Bilderschrift" (picture writing). Sie weisen den Gedanken zurück, daß Menschenhände sie ausgeführt hätten, und schreiben sie ihrem großen Geist, dem Makunaima, zu. Trotzdem sehen sie diese Zeichen keineswegs mit abergläubischen Gefühlen an, sondern betrachten sie nur als Merkwürdigkeit, was um so mehr zu verwundern ist, als es an manchen Flüssen viele Felsen ohne alle Zeichen gibt, auf die sie beim Passieren nicht einmal einen Blick werfen wollen, aus Furcht, es könnte ihnen irgend ein Unglück zustoßen. Ihre Zauberer träufeln stets Tabaksbrühe in ihre Augen, wenn sie sich diesen Felsen nähern, von den bemalten Felsen aber nehmen sie keine Notiz."

„Im Pacaraima-Gebirge führt der Weg durch einen Kreis von viereckigen Steinen, von denen einer eine Felsritzung trägt. Einige dieser Blöcke haben die Indianer heruntergeworfen und zerschlagen", worin Brown einen deutlichen Beweis ihrer Nichtachtung gegenüber den Felsbildern erkennen will.

„Wenn irgend welche Überlieferungen bezüglich dieser Schriften", fährt der Reisende fort, „sich vom Vater zum Sohn erhalten hätten, so glaube ich, daß die heutigen Indianer — die abergläubischsten Geschöpfe, die man sich denken kann — sie mit mehr Achtung und Ehrfurcht behandeln würden. Wenn aber die Vorfahren ebenso indolent waren, wie die Nachkommen heute sind, würden sich jene nie die Mühe gemacht haben, diese Bilder bloß zum Zeitvertreib auszuführen. . . . Da die Figuren offenbar mit großer Sorgfalt und viel Arbeit von einer früheren Menschenrasse in die Felsen geschnitten sind, so nehme ich an, daß sie für einen großen Zweck, wahrscheinlich religiöser Art, gemacht sind, zumal einige der Figuren auf den Phallus-Dienst (Phallic worship) hinzudeuten scheinen."

Diese letztere Folgerung ist hinfällig, da wie alle Naturmenschen auch der Indianer in seinen bildlichen Darstellungen den Mann mit Vorliebe mit seinem natürlichen Attribut ausstattet.[1])

Zum Schluß spricht Brown über Steinbeilschliffe, flachrunde und länglich-spitze Marken, die er auf mehreren Felsen der Flüsse Corentyn und Berbice beobachtete. Sie fänden sich nie in unmittelbarer Nähe von Felsbildern.[2])

Dies trifft, wenigstens für die von mir bereisten Gegenden, nicht zu, da ich sehr häufig Steinbeilschliffe neben Felszeichnungen bemerkte, worauf ich später noch zurückkommen werde.

Eingehendere Betrachtungen widmet den Felsbildern Everard F. Im Thurn, der sich bald nach Brown mehrere Jahre in Britisch Guayana aufhielt. Er teilt sie zunächst in zwei Klassen. Bei der einen sind die Figuren einfach mit roter Farbe auf die Felsen gemalt, bei der anderen in die Felsen eingegraben. Die ersteren kommen selten vor und haben nur geringe Bedeutung, die letzteren treten weitaus am häufigsten auf und sind von großer Wichtigkeit.

Brown fand in einem linken Zufluß des Essequibo einen großen weißen Sandsteinfelsen, der mit Figuren in roter Farbe geschmückt war. Im Pacaraima-Gebirge an der brasilianischen Grenze hörte Im Thurn von der Existenz ähnlicher Zeichnungen in der Nachbarschaft, ohne daß er sie zu Gesicht bekam. Wallace endlich entdeckte solche Felsmalereien, wie wir weiter unten sehen werden, in einem Gebirge nahe dem Amazonenstrom. Wenn diese Malereien, meint Im Thurn, mit einem der roten Farbstoffe,

---

[1]) Vgl. zahlreiche Figuren in meinem Buch: Anfänge der Kunst im Urwald. Berlin 1906.

[2]) Charles B. Brown: Indian Picture Writing in British Guiana. The Journal of the Anthropological Institute of Great Britain and Ireland. Vol. II. p. 254—257. Pl. XV bis XVIII. London 1873.

die die Indianer so reichlich zum Bemalen ihrer Körper und ihrer Waffen und Geräte verwenden, oder mit einer Art roter Erde angefertigt sind, so müssen sie modern sein, das Werk der heutigen Indianer; denn dieser rote Farbstoff würde nicht so lange den Einflüssen der Witterung standhalten, besonders auf einem so undauerhaften Material wie Sandstein.

Die eingegrabenen Figuren hält der Reisende für ziemlich alt, d. h. sie rühren seiner Ansicht nach sicher aus einer Zeit her, als der Einfluß der Europäer in Guayana noch nicht sehr fühlbar war. Er unterscheidet zwei Arten Felsritzungen, „tiefe" und „flache" (deep engravings and shallow engravings), je nachdem die Figuren tief in die Felsen eingeschnitten oder nur auf die Oberfläche geritzt sind.

Diese Verschiedenheit stimme wahrscheinlich mit der Verschiedenheit der Mittel, mit denen sie hergestellt seien, überein, indem die tiefen Eingrabungen offenbar mit einem scharfen Werkzeug in den Felsen geschnitten, die flachen dagegen durch lange fortgesetztes Reiben mit Steinen und feuchtem Sand entstanden seien. Beide Arten kämen anscheinend nie an demselben Ort oder auch nur nahe bei einander vor; vielmehr schien sich jede auf bestimmte Gebiete zu beschränken.

Der Hauptunterschied aber zwischen beiden Arten bestehe in den Figuren, die sie darstellen. Abb. 7 findet sich auf dem Timehri-Felsen des Corentyn und zeigt den Typus der „shallow engravings", der sich bis auf gewisse Variationen überall gleichbleibt. Die flachen Eingrabungen seien gewöhnlich viel größer als die tiefen. So mißt die Timehri-Figur 13 Fuß in der Höhe, während ihre größte Breite 5 Fuß 7 Zoll beträgt.[1]

Abb. 7.

Die tiefen Eingrabungen dagegen, zu denen die Felsritzungen des Waraputa-Kataraktes zu rechnen sind, bestehen nach Im Thurn nie aus einer einzelnen Figur in der eben angegebenen Form, sondern setzen sich aus einer größeren oder kleineren Anzahl roher, gewöhnlich nur 12 bis 18 Zoll hoher Zeichnungen zusammen, Figuren von Menschen, Affen, Schlangen und anderen Tieren oder auch ornamentalen Charakters.

Viele dieser Muster gleichen sehr den Figuren, die die heutigen Indianer auf ihre Körper malen. Doch sieht Im Thurn in dieser Übereinstimmung keineswegs einen Zusammenhang zwischen den Verfertigern der Felsritzungen und den modernen Eingeborenen, da diese Muster nur einfache Verbindungen mehrerer

---

[1] Vgl. oben Seite 7: Robert Schomburgk.

gerader oder gebogener Linien seien, die überall unabhängig von einander entstehen und jedem unbeeinflußten Zeichner einfallen könnten.

Die vielen Verschiedenheiten zwischen „shallow" und „deep engravings" scheinen dem Forscher hinreichend zu beweisen, daß sie von verschiedenen Völkern herrühren und verschiedenen Zweck hatten. Auch habe man keinen Grund anzunehmen, daß beide Arten zu derselben Zeit ausgeführt worden seien.

Die heutigen Indianer wissen nichts über die Entstehung und Bedeutung der Felsbilder. Sie schreiben sie gewöhnlich dem „Makenaima Moomoo" (Gottes Sohn) zu, der, als er über die Erde wanderte, mit der Fingerspitze die Bilder an die Felsen zeichnete. Nichts zwingt uns dazu, mit Im Thurn diese Stammeslegende, die auch in anderen Gegenden Südamerikas in Verbindung mit Felsritzungen vorkommt, als beeinflußt durch christliche Ideen anzunehmen.[1]

Im Thurn wendet sich nun gegen Richard Andree, der die meisten Felsbilder als „müßigen Zeitvertreib", als „die ersten Kunstleistungen primitiver Völker" aufgefaßt haben will[2]. „Es genügt," meint der englische Forscher, „das große Maß von Zeit und Arbeit zu bedenken, das diese „rock-engravings" gekostet haben müssen, da sie doch, wenigstens in Guayana, nur mit Hilfe von Steinwerkzeugen oder durch einfache Reibung mit einem Stein ausgeführt wurden. Wenn man auch die Geduld in Betracht zieht, mit der der Indianer an jedem Gegenstand arbeitet, der ihm gefällt, selbst wenn dieser nur wenig praktischen Wert hat, so kann man doch unmöglich annehmen, daß Indianer die enorme Arbeit unternahmen, ausgedehnte Reihen von Felszeichnungen herzustellen zu keinem anderen Zweck, als ihre müßige Zeit auszufüllen." Dagegen spreche die angeborene Indolenz und Faulheit, die die heutigen Indianer auszeichnet.

Daher müssen nach Im Thurn's Ansicht die Felsritzungen eine jetzt unbekannte tiefere Bedeutung gehabt haben. Wenn dies schon bei den einfachen Figuren der „deep engravings" nicht so ohne weiteres geleugnet werden dürfe, wie viel mehr müsse es der Fall gewesen sein bei den „shallow engravings". Diese eigenartige Figur, die an so weit auseinanderliegenden Orten so gleichmäßig auftritt, könne unmöglich überall der Phantasie entsprungen sein.

Dazu komme noch, daß sich in einer mexikanischen Bilderschrift eine sehr ähnliche, wenn nicht mit jener identische Figur finde, deren Erklärung einst als „Schlüssel für die Hieroglyphen Guayanas" dienen könne. (!)

---

[1] „Makenaima" oder „Makunaima" ist der Kulturheros der Makusi, Arekuna und anderer Guayana-Stämme, dessen Namen die Missionare für ihre Zwecke adoptierten.
[2] Richard Andree: Ethnographische Parallelen und Vergleiche. Petroglyphen. S. 258—299. Stuttgart 1878.

Wenn die Felsbilder vielleicht auch keine religiöse Bedeutung gehabt hätten, so sei es doch wahrscheinlich, daß sie ursprünglich der Erinnerung dienten, da sie meistens an Orten vorkämen, wo sich die bedeutsamsten Ereignisse im Leben der Eingeborenen abspielten. „Es gibt kaum einen Wasserfall oder eine Stromschnelle in Guayana, an die sich für den Indianer nicht der Gedanke an ein Kanu-Unglück knüpft, bei dem einige seiner Stammesgenossen ertranken. Es ist daher nicht verwunderlich, daß man gerade an den Felsen in den Katarakten diese Zeichen findet. Außerdem versammeln sich die Indianer zu gewissen Jahreszeiten an den Stromschnellen, um dort eine besondere Fischart zu fangen. Diese Züge in gefährliche und oft feindliche Gebiete müssen bisweilen Veranlassung zu Kämpfen gegeben haben, deren Andenken die Felsbilder festhalten".

Die „Kunst der Felseingrabungen"(art of rock-engraving) hängt nach Im Thurn's Ansicht eng zusammen mit der „Kunst, Steingeräte zu verfertigen" (art of stone-implement making). Sie verlor sich bald nach Ankunft der Europäer, nach Einführung der Eisenwerkzeuge, die die alten Steingeräte verdrängten und damit ihr mühsames Schleifen überflüssig machten. In degenerierter Form erhielt sie sich noch kurze Zeit als Felsmalerei.[1])

Durch die Reisen Jules Crevaux' wurden auch in Französisch Guayana Felsritzungen nachgewiesen. Er entdeckte im unteren Maroni auf einem Felsen, den die Galibi Tinéri oder Timéri[2]) nennen, neben Steinaxtschliffen eingeritzte Zeichnungen oder „kindische Entwürfe" (ébauches enfantines), wie er sich ausdrückt, die eine menschliche Figur und ein phantastisches Tier darstellten. Diese Zeichnungen hatten eine Tiefe von 1 cm und eine Länge von mehr als einem Meter.

Auf Felsen der westlich von der Oyapok-Mündung gelegenen Montagne d'Argent finden sich ähnliche Ritzungen. Die Portugiesen hielten seinerzeit diese Felsen für alte Grenzsteine und sahen in den Zeichnungen das Wappen Karls des Fünften, um dadurch ihre Ansprüche auf das Gebiet zwischen Amazonenstrom und Oyapok zu beweisen, bis eine gemischte Grenzkommission den Irrtum aufklärte.

Crevaux meint, die Figuren des Timéri-Felsens seien <u>auf dieselbe Weise hergestellt, wie die daneben befindlichen Steinaxtschliffe, durch Reiben von Stein gegen Stein.</u>

Er verwirft die Ansicht einiger Forscher, die diese Bilder einer höheren Kulturstufe zuschreiben, als die jetzigen Indianer besitzen;

---

[1]) Everard F. Im Thurn: Among the Indians of Guiana. p. 391—410. London 1883.
[2]) Der Name bedeutet in den Karaibensprachen: der Gemalte.

denn eine Vergleichung der alten Zeichnungen mit den modernen lasse keinen Unterschied erkennen.

Die Froschfiguren, die Brown am Essequibo gesehen hat, sind nichts als menschliche Gestalten, wie sie die Galibi, Roucouyenne und Oyampi noch täglich auf ihren Körben, ihrem Tongeschirr und auf ihrer eigenen Haut anbringen. Crevaux selbst hielt diese Figuren anfangs für Frösche, aber die Indianer erklärten ihm, dies wäre ihre Art, Menschen darzustellen.

Die „Arabesken" und Figuren, mit denen die Oyampi-Indianer des Oyapok sich bemalten, zeigten große Ähnlichkeit mit den Ritzungen am Timéri-Felsen.

Der Reisende ließ die Indianer mit Holzkohle und Bleistift zeichnen, und einer von ihnen führte „Zeichnungen eines Menschen, Hundes, Tigers, endlich aller Tiere und Teufel des Landes" aus. Ein anderer malte Arabesken mit Genipa-Saft; selbst die Frauen zeichneten die Muster, die sie auf den Töpfen anbringen, mit großer Leichtigkeit.

Crevaux vermutet hinter diesen Felszeichnungen einen religiösen Zweck. Die jetzigen Indianer, sagt er, ziehen nie in den Krieg oder begeben sich auf eine Reise, ohne sich den Leib mit Figuren zu bemalen, die dazu bestimmt sind, die Teufel (Dämonen), die ihnen den Tod bringen können, zu verjagen. Da nun diese Malereien mit den alten Felsritzungen genau übereinstimmen, so sei es glaublich, daß beide dieselbe Bedeutung hätten[1].

Madame Coudreau fand während ihrer Reisen an den nördlichen Zuflüssen des unteren Amazonenstroms, Trombetas, Cuminá u. a., zahlreiche Felsritzungen, von denen sie gute Abbildungen, zum Teil nach Photographien, gibt. Einige gehören ihrer Gestalt nach zu den „shallow engravings" Im Thurn's, auf die ich an anderer Stelle noch näher eingehen werde.[2]

Auch am Nhamundá und Urubú, die ebenfalls dem Amazonas von links zuströmen, wurden von dem brasilianischen Botaniker Barboza Rodrigues u. a. Felsritzungen nachgewiesen.[3]

Noch vor zwanzig Jahren fanden sich fast gegenüber von Manaos Bilderfelsen, die nur bei niedrigem Wasserstande sichtbar waren. Sie hatten später ein wechselvolles Schicksal. Im Jahre 1888 oder 1889 wurden sie von ihrem Standort weg nach Manaos geschafft und am Eingang des neugegründeten Museums aufgestellt. Unter dem ersten Gouverneur der neuen republikanischen Aera fiel

---

[1] Jules Crevaux: a. a. O. p. 143—146. p. 211—212.
[2] O. Coudreau: Voyage au Cuminá. p. 33, 85, 176, 177. (Vgl. besonders p. 85) Paris 1901.
[3] Stradelli: a. a. O. p. 458. Ladisláu Netto: Archivos do Museu Nacional do Rio de Janeiro. Vol. VI. p. 551—552 und Estampa XI. Rio de Janeiro 1885.

das Museum in Ungnade und wurde ausgeraubt. Die Sandsteinblöcke blieben noch eine Zeitlang als stumme Ankläger liegen, bis sie eines schönen Tages als Bausteine für ein öffentliches Gebäude nützliche Verwendung fanden.[1]

Alfred Russel Wallace beobachtete[2] Bilderfelsen am unteren Amazonenstrom und am Rio Negro und seinen Nebenflüssen. In der Serra Monte Alegre entdeckte er in beträchtlicher Entfernung vom Fluß an einer hohen Felswand „Bilderschrift, die in roter Farbe ausgeführt und anscheinend durch Einreiben mit Felsstücken, die stellenweise diese Farbe haben, hervorgerufen war. Sie sah ganz frisch aus und war nicht durch die Witterung verwischt, obwohl keiner (von der heutigen Generation) ihr Alter kennt. Sie bestand aus verschiedenen rohen Figuren. Einige stellten Tiere dar, z. B. Alligatoren und Vögel, andere glichen Hausgeräten oder zeigten Kreise und mathematische Figuren. Außerdem fanden sich noch einige sehr komplizierte und phantastische Formen. Alle Figuren, die eine durchschnittliche Größe von 1—2 Fuß hatten, waren bis zu einer Höhe von 8 oder 10 Fuß unregelmäßig über den Felsen verteilt."

An einer anderen Stelle desselben Berges traf der Reisende an einem senkrechten Felsen über einem tiefen, steinigen Abhang auf weitere „Bilderschriften, die viel größer waren als die anderen und sich höher den Felsen hinauf ausdehnten. Auch die Figuren waren verschieden von jenen. Sie bestanden hauptsächlich aus großen konzentrischen Kreisen, die von den Eingeborenen „Sonne" und „Mond" genannt werden, und mehreren anderen komplizierteren Zeichen von 3—4 Fuß Höhe. Zwischen diesen Figuren fanden sich zwei Jahreszahlen um 1770 in wohlgeformten Zügen. Unzweifelhaft rührten sie von Reisenden her, die hier das Datum ihres Besuches verewigen und zugleich zeigen wollten, daß sie die Art der Ausführung der anderen Malereien kannten. In der Nähe der oberen Figuren bemerkte man zwei oder drei Handabdrücke in derselben Farbe, die deutlich die Handfläche und alle Finger zeigten, als ob derjenige, der die oberen Figuren ausführte, auf den Schultern eines anderen gestanden und sich mit einer Hand gegen den Felsen gestützt hätte, während er mit der anderen zeichnete."

Etwas unterhalb der kleinen Ortschaft Serpa oder Itacoatiara auf dem linken Ufer des Amazonenstromes fand Wallace „auf Felsen, die bei Hochwasser bedeckt sind, roh in das harte Gestein eingehauene Figuren. Sie stellten hauptsächlich menschliche Gesichter dar und waren durch den Bodensatz, den die Wasser des Amazonas niederschlagen, geschwärzt."

---
[1] Ebenda: p. 458—459. Ladisláu Netto: a. a. O. p. 553 und Estampa XIII.
[2] In den Jahren 1848—1852.

„Auch auf einer kleinen felsigen Insel an der Mündung des Rio Branco sind zahlreiche Figuren von Menschen und Tieren von beträchtlicher Größe in den harten Granit gekratzt."[1]) Anderen Felsritzungen begegnete der Reisende in der Nähe der Ansiedlungen Sta. Izabel, São José, Castanheiro und am oberen Rio Negro in Venezuela. Von allen fertigte er sorgfältige Kopien an, die leider verloren gingen.[2])

Am Uaupés, dem größten rechten Nebenfluß des Rio Negro, sind diese Figuren besonders zahlreich. Einige davon werden von Wallace auf Tafel VII und VIII seines Reisewerkes wiedergegeben. „Sie enthalten rohe Darstellungen von Hausgeräten, Kanus, Tieren und Menschen, sowie von Kreisen, Vierecken und anderen regelmäßigen Formen. Manche befinden sich vollkommen über, manche unter der Hochwassermarke, andere sind ganz bedeckt mit den Wucherungen der Steinflechte, durch die sie jedoch immer noch deutlich sichtbar sind."

Ob sie irgendwelche Bedeutung für diejenigen hatten, die sie ausführten, oder ob man sie nur als einen ersten Versuch primitiver Kunst, beeinflußt durch die Phantasie, ansehen darf, das läßt sich nach Wallace's Meinung jetzt nicht mehr feststellen. „Es unterliegt jedoch keinem Zweifel, daß sie ein gewisses Alter haben und niemals von den heutigen Indianern ausgeführt werden. Selbst die ganz unzivilisierten Stämme, in deren Gebiet diese Figuren gefunden werden, haben keine Ahnung von ihrer Entstehung, und wenn man sie danach fragt, sagen sie, sie wüßten es nicht oder sie vermuteten, daß die Geister sie gemacht hätten.[3])

Die üppigste Phantasie entwickelt bei der Deutung der Felsbilder der Italiener Conte Ermanno Stradelli. Auf seinen beiden Reisen zum Uaupés (1882 und 1890—1891) kopierte er zahlreiche Felsbilder. Anfangs legte er diesen Zeichen gar keinen Wert bei und sah in ihnen „esemplari di un'arte infantilmente primitiva", „einfache künstlerische Versuche von Müssigen ohne allen Zweck." Die zahlreichen Orte aber, wo diese „mit so großer Geduld eingeschnittenen" Bilder gefunden werden, ihre Lage an hohen Uferfelsen, an der Mündung der Flüsse, gewisse Figuren, die sich stets wiederholen, ließen ihn später diese natürliche Erklärung verwerfen. Er kam zu der Ansicht, daß es wirkliche Inschriften seien, geschrieben mit konventionellen Zeichen, mit Hilfe eines eigentlichen ideographischen Alphabets, historische Dokumente,

---

[1]) Diese Felsbilder erwähnt auch Stradelli: a. a. O. p. 458.
[2]) Über die Felsbilder des Rio Negro vgl. Ladisláu Netto. a. a. O. p. 552—554 und Estampas XII—XV.
[3]) Alfred R. Wallace: A Narrative of Travels on the Amazon and Rio Negro. p. 151—153, 524—525 und Plate VII—VIII. London 1853.

die vielleicht das „Itinerar" der alten Wanderungen der Stämme angeben und an wichtigen Punkten angebracht wurden, um den Nachfolgenden den Weg zu zeigen.

Befangen in diesen Ideen entlockte Stradelli auf seiner zweiten Reise zum Uaupés einem alten Indianer, halb gegen dessen Willen, die Erklärung einiger Felsbilder und konstruierte daraus einen „Schlüssel zu diesen Inschriften", der zu den kühnsten Hypothesen gehört, die jemals ein Forscher aufgestellt hat.

Es lohnt nicht der Mühe, auf diese merkwürdigen Deutungen näher einzugehen. Eine kleine Auswahl mag hier genügen:

γ V = vorwärts! folget!

χ ✳ = starke Stellung; die Bewohner des Ortes sind Freunde; Sicherheit.

𐄷𐄷𐄷𐄷𐄷 ooooooo = Schlangeneier: Überfluß an Lebensmitteln.

⌇⌇⌒ = Schlangen: der Ort ist wenig sicher; es ist notwendig, auf der Hut zu sein; es ist der Ort, wo die Schildwache stehen muß.

○ ◉ ⊙ = reicher Landbesitz, Sieg.

Sapienti sat!

Stradelli nahm hier offenbar Mythen und Legenden, die die Indianer stets mit solchen Felsbildern verbinden, und die an spätere willkürliche Deutungen einzelner Figuren anknüpfen, als wirkliche Begebenheiten. Dazu kommt noch, daß sein Gewährsmann, der, wie der Reisende selbst erzählt, nur dem Zwang gehorchte, wahrscheinlich seine rege Phantasie spielen ließ, um den lästigen Frager zu befriedigen und dadurch möglichst bald los zu sein. Auch kann man aus einem Indianer alles herausfragen, was man will, zumal wenn man, wie Stradelli, mit Vorurteil an die Lösung einer Frage herangeht.

Von den Felsbildern des Uaupés und seiner Nebenflüsse Papury, Querary und Cuduiary gibt der Reisende auf zwölf Tafeln zahlreiche Figuren wieder, die zum Teil sehr schlecht und ungenau kopiert sind, wie ich mich an Ort und Stelle überzeugen konnte.[1]

Über Felsbilder am oberen Yapurá berichtet Carl Friedrich Philipp von Martius. Am Ararakuára-Fall fand er (1820) auf einem hervorragenden Felsen einige nur wenig sichtbare „Skulpturen." Seine indianischen Begleiter „näherten sich ehrfurchtsvoll und fuhren den leicht eingegrabenen und durch Verwitterung halb unkenntlichen Figuren mit dem Zeigefinger nach, indem sie ausriefen: Tupána, Tupána (Gott)!" Nach längerem

---

[1] Conte Ermanno Stradelli: Iscrizioni indigene della regione dell' Uaupès. (Con tavole e carte.) Bollettino della Società geografica Italiana. Serie IV. Vol. I. p. 457–483. Roma 1900.

Betrachten unterschied Martius „fünf Köpfe, deren vier mit einer Strahlenbinde, der fünfte mit zwei Hörnern versehen waren. Diese Skulptur war so sehr verwittert, daß sie auf ein hohes Alter zurückzudeuten schien." Näher am Strome entdeckte der Reisende auf einem platten horizontalen Felsen „einige andere Figuren, die das Wasser bei hohem Stande erreichen konnte und fast schon unkenntlich gemacht hatte. Es waren sechszehn Zeichnungen, ebenso roh als jene ausgeführt, die Schlangen, Onzenköpfe, Kröten und jenen ähnliche Menschengesichter darstellten." Die Indianer versicherten, daß an den Fällen der Rios Mesaí und dos Enganos, linker Zuflüsse des Yapurá, viele solcher Bilder „in ungeheuerer Ausdehnung" auf Felsen zu finden wären.[1]

In weit größerer Anzahl begegnete Martius diesen Felszeichnungen am Cupatí-Fall, unterhalb Arárakuára. „Die meisten Figuren", schreibt der Reisende, „waren die ersten Versuche, eine menschliche Gestalt darzustellen. Es war interessant, zu beobachten, welch' verschiedene Wege die Einfalt der rohen Künstler eingeschlagen hatte, um den Effekt einer menschlichen Ähnlichkeit hervorzubringen. Der Kopf beschäftigte sie am meisten: die Augen, Ohren, Nase und der Mund sind auf verschiedene Weise durch Punkte, Striche oder freigelassene Flecken angedeutet. Die Extremitäten sind schneller abgefertigt; Finger und Zehen gewöhnlich nur in der Dreizahl. Am Rumpfe sind gewisse Teile selten vergessen. Manche dieser Figuren sind in ein Quadrat eingeschlossen." Außer diesen menschlichen Darstellungen fand sich hier nur noch eine Figur, die auch in den Malereien der Indianer stets wiederkehrt.[2] „Es ist eine aus mehr oder weniger Bögen bestehende Schneckenlinie innerhalb eines Quadrates und mit einer Seite desselben in Verbindung." Martius sieht in dieser Zeichnung nur einen Schnörkel und meint, was eine gewisse Möglichkeit für sich hat, daß sie „von der Figur entlehnt sei, welche die durch den Ruderschlag veranlaßten Wirbel längs des Kahnes beschreiben."[3]

„Die Skulpturen von Cupati", fährt der Reisende fort, „sind drei bis sechs Linien tief eingegraben; jede von anderen Größenverhältnissen, in einer Ausdehnung von einem halben bis zu zwölf Fuß, und alle ohne Ordnung und Symmetrie unter einander. Meine Indianer staunten sie mit blöden Augen an, wußten mir aber nichts über ihre Bedeutung oder Abstammung zu sagen. Bedenkt man die Härte dieses Sandsteins, der sich durch die etwas schiefe

---

[1] C. Fr. Phil. von Martius: Reise in Brasilien. Bd. III. S. 1257—1258, 1262. München 1831.

[2] „Sie (die Malereien) sind oft ohne Pinsel, mit dem Finger oder mit einem Stückchen Holz, höchst plump aufgetragen. Allerlei Schnörkel, rohe Figuren von Menschen und Tieren sind die Gegenstände dieser ersten Kunstversuche." Reise: III. 1154.

[3] Ebenda.

Lage seiner Tafeln in der Richtung des Gewässers der Einwirkung der Flut teilweise entzieht, und findet man dennoch manche Skulpturen fast ganz verwischt, so wird man geneigt, ihnen ein Alter von vielen Jahrhunderten zuzuschreiben. Auf eine höhere Bildungsstufe derjenigen, von welchen diese Monumente herrühren, als die des gegenwärtigen Bewohners, lassen sie indessen nicht schließen. Die Malereien der jetzigen Indianer auf ihren Trinkschalen, an den Türen ihrer Hütten, auf ihren Kähnen, Rudern und ähnlichen Werkzeugen stellen dieselben monströsen Köpfe, dieselbe Spirallinie innerhalb eines Quadrates dar und scheinen zu dem Schlusse zu berechtigen, daß die Urväter, auf gleicher künstlerischer Bildungsstufe mit den Lebenden, deshalb in jenen rohen Zeichnungen schwerlich die Spuren eines Kultus hinterlassen haben."[1]

„Die Bilder an den Felsen von Araracuára, welchen meine Indianer scheue Erfurcht erwiesen, wären vermöge ihrer Stelle, an einem hervorragenden senkrechten Felsen, sowie durch die Reihe von Strahlen um das Haupt, eher geeignet, eine Hinweisung auf einen Kultus zu geben; allein eher als Sonnenbilder mögen sie nur Köpfe von Indianern mit der Federkrone darstellen."

„Wer die Gewohnheit der Indianer bis auf diese Tage kennt, je nach den verschiedenen Jahreszeiten bald in den früchtereichen Wald, bald an die Ströme zu ziehen, wird die Annahme natürlich finden, daß zur Zeit der niedrigen Wasserstände, wo die Fische sich am zahlreichsten in der Nähe der Fälle aufhalten, diese am meisten besucht wurden. In dieser Periode mögen sich die, welche nicht eben dem Fischfange nachhingen, auf den weithin entblößten Steinbänken des Ufers mit solchen Skulpturen spielend ergötzt haben."[2]

Von dieser einfachen Erklärung der Felsritzungen kommt Martius 40 Jahre später etwas ab. Wenn er auch „eine höhere symbolische Bedeutung, als Spuren eines Götzendienstes", ausdrücklich in Abrede stellt, so mache es „die außerordentliche Zahl der Skulpturen an den Felsufern und ihr Erscheinen auf hochgelegenen, vom Gewässer entfernteren Felskuppen" doch wahrscheinlich, „daß dem mühsamen Werke irgend eine höhere Bestimmung, etwa zur Beschwörung des Fischer- und Jagdglückes, zu Grund gelegen habe, während bei Menschenbildern auf erhöhten Felsen, an Orten, die durch Ernst und Größe der Naturbeschaffenheit das Gemüt des Indianers mit Furcht und Ehrfurcht erfüllen,

---

[1] Ebenda: III. 1272—1273.
[2] Ebenda: III. 1284.

sich annehmen ließe, sie seien Reste eines untergegangenen Naturkultus oder von der schlauen Betriebsamkeit kühner Pajés (Zauberer) eingegraben."[1])

Auch an den meisten südlichen Nebenflüssen des Amazonenstroms hat man Bilderfelsen nachgewiesen.

Der deutsche Ingenieur Franz Keller-Leuzinger fand (1867 bis 1868) auf einigen Felsen des Caldeirão do Inferno, des berüchtigtsten Kataraktes des Rio Madeira, "wenig vertiefte, teils halbkreisförmige, teils volutenartige Zeichnungen." Sie hatten eine Breite von 2—3 cm und waren nur 3—4 mm tief eingegraben.

In den Cachoeiras[2]) do Ribeirão, da Madeira und das Lages desselben Flusses entdeckte dieser Reisende wiederum mehrere Voluten und konzentrische Kreise "flach vertieft in die Oberfläche des schwarzen harten gneißartigen Gesteins eingegraben." Der beste Fund aber war seiner Meinung nach "der einer vollkommenen Inschrift, deren gradlinig an einander gereihte Züge wohl in keinem Fall als das Spiel müßiger Indianerlaune betrachtet werden können."

"Der Querschnitt der Zeichen ist flach muldenförmig und die Oberfläche derselben erscheint ebenso verwittert, als an den weiter unterhalb befindlichen, so daß sie an einigen Stellen so ziemlich verwischt sind und nur bei günstiger Beleuchtung deutlich hervortreten. Eine glänzend dunkelbraune Kruste, die sich überall auf der Oberfläche des Gesteines bildet, wo die Wasser dasselbe, wenn auch nur zeitweise bedecken, überzieht wieder so vollkommen gleichmäßig sowohl die schwach vertieften Zeichen, als auch die dazwischen liegende unberührte Fläche des Blocks, daß wohl viele Jahrhunderte darüber hingegangen sein müssen, seitdem mit einem Quarzmeißel in mühseligster Weise einzelne Teile dieser Kruste losgelöst wurden."

Keller-Leuzinger hält es nicht für unmöglich, daß die "Schriftzeichen am Madeira" von "den großen Eroberungszügen der Incas" herrühren oder noch älter sind. Den Vorfahren der Karipuna, der heutigen Bewohner dieser Gegend, "wenn dieselben, wie wohl anzunehmen, auf gleich niedriger Kulturstufe standen," seien sie wohl nicht zuzuschreiben, "da ein rohes Jägervolk, wie dieses, sich wohl kaum die Mühe gibt, monatelang eine harte Felsplatte mit unvollkommenen Feuersteinmeißeln zu bearbeiten. Wenn je eine derartige Lust sie anwandelt, so wählt ihr kindischer, nach dem Nächstliegenden greifender Sinn sicherlich Tiere: Alligatoren, Schildkröten und

---

[1]) C. Fr. Phil. von Martius: Beiträge zur Ethnographie und Sprachenkunde Amerikas zumal Brasiliens. Bd. I. S. 574. Leipzig 1867.
[2]) Mit "Cachoeira" bezeichnet man in Brasilien "Stromschnelle, Katarakt."

Fische zur Darstellung, oder wohl auch die Sonne und den Mond, wie dies die von Humboldt beschriebenen Darstellungen auf den Felswänden des Orinoko-Tales zeigen."[1])

Außer am Madeira selbst fand Heath auch an den Fällen und Stromschnellen seines Hauptquellflusses Mamoré zahlreiche Felsbilder, von denen er in seinem Reisebericht Kopien gibt, ohne indessen auf die Herkunft und Bedeutung dieser Zeichen näher einzugehen.[2])

Am Rio Tapajoz haben die brasilianischen Reisenden Gonçalves Tocantins und Barboza Rodrigues[3]) und neuerdings der bekannte Amazonasforscher Henri Coudreau Felsbilder nachgewiesen.

Auf dem linken Ufer dieses Flusses in der Nähe der kleinen Stromschnelle Cantagallo sieht man „seit undenklichen Zeiten" auf der Oberfläche eines Felsens, der etwa 100 Meter hoch senkrecht aus dem Wasser ansteigt, fünfzehn Figuren. Sie zeigen eine ockergelbe Farbe und befinden sich ungefähr 8 Meter über dem höchsten Wasserstand des Flusses. Heute würde es einem Menschen unmöglich sein, in dieser Höhe zu zeichnen, da sich der Fluß, zumal bei Hochwasser, mit heftiger Strömung scharf um den Felsen windet.

Diese auffallende Erscheinung, der wir auch am Orinoko und in Britisch Guayana begegnet sind, sucht Tocantins, ähnlich wie Humboldt, mit einem in alter Zeit weit höheren Niveau der Flüsse zu erklären.

Der unzugängliche Standort der Figuren schließt ihre genauere Untersuchung völlig aus, so daß es unentschieden bleibt, ob sie eingeritzt oder nur aufgemalt sind.

Coudreau sieht in diesen Felsbildern untrügliche Beweise einer vorgeschritteneren Kultur, als die der modernen Indianer ist, sei es nun, daß diese von einer höheren Stufe herabgesunken sind, sei es, daß sie einer ganz anderen Rasse angehören, als die Verfertiger jener mysteriösen Zeichen.

Derselbe Reisende hörte von anderen Felsbildern zwischen Tapajoz und Xingú. Auf den weiten Steppen, im Lande der Munduruku seien die Felsen von Arencré mit zahlreichen eingeritzten Figuren bedeckt, „dessins primitifs et enfantins", wie Coudreau sagt, der die Vorfahren der heutigen Indianer für ihre Urheber hält.

---

[1]) Franz Keller-Leuzinger: Vom Amazonas und Madeira S. 40, 45, 48 und Abbildungen S. 48. Stuttgart 1874.
[2]) E. R. Heath: The exploration of the River Beni. Journal of the American Geographical Society of New York. Vol. XIV p. 157—164. (Abbildungen p. 157, 161). New York 1882. Vgl. auch Stradelli: a. a. O. p. 458.
[3]) João Barboza Rodrigues: Rio Tapajós. Rio de Janeiro 1875. Vgl. auch die kurze Bemerkung bei Stradelli: a. a. O. p. 458.

Die Munduruku selbst schreiben alle diese Felsbilder ihrem Kulturheros und Stammvater Caru-Sacaébé zu, der sie seinen Kindern als Erinnerungszeichen hinterließ, als er von ihnen auf Nimmerwiedersehen Abschied nahm.[1]

Auch im Quellgebiet des Tapajoz, am großen Fall des Paranatinga, werden Felsritzungen angegeben. Karl von den Steinen gibt sie wieder, wie sie der Italiener Luiz Oddi auf der Suche nach der fabelhaften Goldstätte der Martyrios gefunden und abgezeichnet hat. „Oddi meint, die Zeichen seien mit dem Messer eingeritzt und stammten von den Paulisten,[2] deren Spuren er zu verfolgen strebte. Caetano[3] indeß, obwohl er nichts Genaueres anzugeben vermag, glaubt, daß die Bilderschrift von indianischen Händen herrühre und uralt sei. Das Vorhandensein der „Kreuzfigur" beweist nichts gegen diese Ansicht; sie stellt wahrscheinlich einen Menschen vor."[4]

Im Cachoeira-Gebiet des mittleren Xingú finden sich einige Bilderfelsen, die durch die Kopien Henri Coudreau's bekannt geworden sind. Der interessanteste ist der Itamaracá am Kopf der gleichnamigen Stromschnelle, der eine sehr komplizierte Zeichnung trägt. „Die Yurúna und die anderen Indianer dieser Gegend", sagt Coudreau, „sind vollständig unfähig, eine vernünftige Erklärung der Bedeutung und des Ursprungs dieser Hieroglyphen zu geben. Sie sind, wie es scheint, mit einem spitzen Granit in die Felsen eingeritzt. Die Rillen sind dann mit einer roten Farbe eingerieben, die sich bis auf den heutigen Tag erhalten hat." Der Reisende führt diese Zeichnungen zurück auf „Indiens préhistoriques, différents de ceux d'aujourd'hui."[5]

Vor Coudreau hatte schon der brasilianische Forscher Ladisláu Netto eine Kopie der Felsritzung von Itamaracá mitgeteilt und dazu eine phantasievolle, nur auf seiner Einbildungskraft beruhende Deutung gegeben, auf die näher einzugehen, nicht der Mühe lohnt.[6]

Auch im Rio Tueré, einem Quellfluß des Anapú, der zwischen Xingú und Tocantins in den Amazonenstrom mündet, fand Coudreau auf einem Cachoeirafelsen eingeritzte Spiralen, die offenbar Schlangen darstellen sollten.[7]

---

[1] Henri Coudreau: Voyage au Tapajoz p. 142—144 und Abbildung p. 143. Paris 1897.
[2] Die „Paulisten". Bewohner von São Paulo, durchzogen Ende des 17. Jahrhunderts Mato Grosso, um Gold zu suchen und Sklaven zu erbeuten.
[3] Der alte Häuptling der am oberen Paranatinga wohnenden Bakaïri-Indianer.
[4] Karl von den Steinen: Durch Central-Brasilien. Expedition zur Erforschung des Schingú im Jahre 1884 S. 295 und Abbildung S. 294. Leipzig 1886.
[5] Henri Coudreau: Voyage au Xingú p. 149—151 und Abbildungen p. 151. Paris 1897.
[6] Ladisláu Netto: Archivos do Museu Nacional do Rio de Janeiro. Vol. VI p. 551 und estampa X. Rio de Janeiro 1885.
[7] Henri Coudreau: Voyage entre Tocantins et Xingú p. 119 und Abbildung p. 113. Paris 1899.

Eine besondere Bedeutung erlangten die Felsbilder auf einer Insel des Araguaya, der sogenannten Ilha dos Martirios. Zum ersten Mal wurden sie genauer untersucht und kopiert von Paul Ehrenreich. Sie finden sich in großer Anzahl am Nordende der Insel, teils an ihrer höchsten Erhebung (ca. 15 Meter über dem niedrigsten Wasser), teils etwas tiefer noch im Bereich der Hochwasserlinie auf den Felsquadern und gehören zu den merkwürdigsten Felszeichnungen des Kontinents, die zum Mittelpunkt eines ganzen Sagenkreises geworden sind. „Schon früh erregten sie die Aufmerksamkeit und die Phantasie der ersten Paulistenscharen des Pires Campos und des berüchtigten Anhanguera (Bartholomeo Bueno der Ältere), die Ende des XVII. Jahrhunderts auf ihrem Zuge zu den Araes und deren reichen Goldminen die Insel besuchten, um hier „den Hahn, das Kreuz, die Dornenkrone und den Hammer, die in den Fels gegrabenen Zeichen der Martirios Christi", zu sehen.

Die genaueren Berichte darüber waren lange Zeit verloren und wurden erst Ende des 18. Jahrhunderts wieder ans Licht gebracht. Mittlerweile hatte sich die Sage der Sache bemächtigt und bis auf den heutigen Tag zogen Abenteurer aus, die in Matto Grosso, am Xingú, am Paranatinga oder sonstwo nach den wunderbaren Merkzeichen für den Weg zum Eldorado suchten, als deren Verfertiger man, wie stets, die Jesuiten vermutete. Daß trotz der überlieferten klaren Beschreibung des jungen Pires Campos, der seinen Vater begleitete,[1] niemand mehr an die wirklichen Martirios am Araguaya dachte, lag daran, daß die meisten Reisenden die Zeichen nicht fanden und deswegen ihre Existenz leugneten. Man suchte sie nicht im Innern der Insel, sondern an den zum Fluß abfallenden Steilwänden. So hat auch Castelnau und nach ihm Rufino Segurado nichts davon entdecken können." Ehrenreich selbst fand die richtige Stelle, die mindestens 100 Schritt inlands liegt, erst nach längerem Suchen.

„Die Figuren, von denen nur die wichtigsten skizziert wurden, liegen gruppenweis ziemlich regellos über einen weiten Flächenraum verstreut. Es sind entweder deutliche Konturzeichnungen von Tieren, Menschen und stilisierten Figuren in Linien von 1 bis 2 cm Breite und einigen Millimetern Tiefe, oder einfache Einritzungen von sich kreuzenden Strecken und Bogenlinien ohne erklärbare Form."

Unter den Tierbildern sind hervorzuheben: ein wohlgelungener Alligator von 130 cm Länge, ferner ein Insekt (vielleicht Ameise), dessen ovale Leibsegmente durch flache Gruben wiedergegeben sind, sowie Eidechsen in verschiedener Ausführung.

---

[1] Cunha Mattos: Corographia de Goyaz. Revista trimensal do Instituto historico. T. 38. I. p. 143 ff. Rio de Janeiro.

Von besonderem Interesse ist eine hockende menschliche Gestalt, die in der Hand eine Axt und zwar offenbar eine Steinaxt trägt (Abb. 8). Isoliert finden sich Steinäxte derselben Form noch in vier anderen Darstellungen.

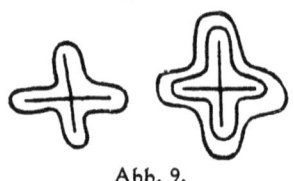

Abb. 8.

Abb. 9.

Ein Kreis, von dessen Peripherie kurze Strahlen ausgehen, wurde von den christlichen Besuchern als die „Dornenkrone" gedeutet. Das Vorkommen des Kreuzornaments in der für die Karayá, die heutigen Bewohner dieser Gegenden, charakteristischen Form macht es mehr als wahrscheinlich, daß ihren Ahnen jene Werke zuzuschreiben sind. Doch darf man diese Felsbilder, meint Ehrenreich, nicht „als einfache bedeutungslose Spielereien zur Ausfüllung müßiger Stunden," ansehen, da sie „in Anbetracht der primitiven Werkzeuge einen ganz außerordentlichen Aufwand von Zeit und Mühe erfordert haben mußten."

Am meisten sagt ihm Im Thurn's Ansicht zu, wonach die alten Indianer diese Zeichen zur Erinnerung an wichtige Ereignisse an Ort und Stelle eingegraben haben. Die Martiriosinsel ist „für die Karayá ein höchst wichtiger Punkt. Sie bildet nämlich genau die Nordgrenze ihres Gebiets, und gerade hier kommen häufig auch die ihnen feindlichen Horden der Kayapó an den Strom heran. Mancherlei Kämpfe mögen in dieser Gegend zwischen beiden Nationen stattgefunden haben".

„Die Deutung der Felsskulpturen als Denksteine oder Grenzmarken, denen vielleicht noch Familienabzeichen hervorragender Führer beigefügt sind, scheint den obwaltenden Verhältnissen nach die annehmbarste zu sein."[1])

Verlassen wir den Amazonenstrom, so finden wir auch in anderen Teilen Brasiliens Felsbilder in großer Anzahl.

Im Staate Ceará entdeckte J. Whitfield (1865) ungefähr 70 Meilen von der Küste entfernt „Felsinschriften." Zwischen der Serra Grande oder Ibiapaba und der Serra Merioca, am Ufer eines Flusses, der nur zur Regenzeit Wasser führt, waren diese Zeichen in den harten Kieselschiefer unregelmäßig eingegraben, als wären sie mit einem stumpfen Werkzeug hergestellt.

Die heutigen Bewohner des Landes schreiben diese „Letreiros" (Inschriften), wie alles übrige, was sie sich nicht erklären können, den Holländern zu und halten sie für Merkzeichen verborgener Schätze. Die Holländer bewohnten das Land jedoch nur wenige Jahre im Anfang des 17. Jahrhunderts und ließen sich allem An-

---

[1]) Paul Ehrenreich: Beiträge zur Völkerkunde Brasiliens. Veröffentlichungen aus dem Königlichen Museum für Völkerkunde. Bd. II 1./2. Heft S. 45—48 und Abbildungen S. 47. Berlin. 1891.

schein nach nie im Innern nieder. „Noch weniger wahrscheinlich ist es", meint Whitfield, „daß sie sich damit unterhalten haben sollen, rätselhafte Hieroglyphen in zeitraubender Arbeit an die Felsen zu schreiben, nur um die Bewunderung der vorüberwandernden Indianer zu erregen." Er hält die Zeichen für ein Werk früherer Einwohner, das an Alter und Bedeutung den Werken der Peruaner und Mexikaner vielleicht nicht nachstände.

Auch an anderen Orten Ceará's, sowie in den Staaten Pernambuco und Piauhy kommen nach demselben Gewährsmann derartige Bilderfelsen vor. Sie gehören besonders dem „Sertão" an, der Buschsteppe, die sich in öder Gleichförmigkeit im Innern erstreckt, und finden sich meistens an den Ufern und im Bett der Flüsse, wo sie sich an manchen Stellen 15 bis 20 Meter ausdehnen. In der Nähe der Küste sind sie bisher nie beobachtet worden.[1]

Eine größere Anzahl von Felsbildern aus dem Distrikt Inhamun in Ceará gibt Tristão de Alencar Araripe mit orientierender Beschreibung wieder. Die meisten Zeichen waren mit roter Farbe auf Felsen gemalt, die sich auf kleinen, vielleicht künstlichen Hügeln fanden. In einem Fall hatte man die Figuren auf der Deckenwand eines überhängenden Felsens angebracht, der gleichsam ein Schutzdach bildete.

Auch aus Parahiba teilt Araripe eine „Inschrift" mit, die in riesigen Proportionen einen großen Felsen in der Stadt Pedra Lavrada bedeckte.[2]

Schon Heinrich Koster berichtet von solchen Felsritzungen in Parahiba. Ein Pfarrer zeigte ihm zu Pernambuco die Zeichnung eines großen, im Innern der damaligen Provinz befindlichen Steines, „in welchen eine Menge unbekannter Charaktere und verschiedene Figuren eingegraben waren, von denen eine ein roher Versuch schien, einen weiblichen Körper abzubilden." Der Stein „steht in der Mitte eines Flusses, welcher im Sommer ganz vertrocknet." Es sollen noch mehrere derartige Steine in Parahiba vorkommen.[3]

Am unteren Rio São Francisco, „nahe an dem Verlaufe der Serra do Anastasio," fand Martius auf einem großen überhängenden Granitfelsen „einige Reihen roher seltsamer Zeichnungen, welche ohne Zweifel von den ehemaligen indianischen Bewohnern dieser Gegend herrühren." Sie bestanden in geraden und krummen Linien, Kreisen, Punkten und Sternen und waren mit roter Farbe, wahr-

---

[1] J. Whitfield: Rock Inscriptions in Brazil. The Journal of the Anthropological Institute of Great Britain and Ireland. Vol. III p. 114—115 und Pl. X. London. 1874.
[2] Tristão de Alencar Araripe: Cidades petrificades e Inscripções lapidares no Brazil. Revista Trim. do Inst. Hist. e Geogr. Brazil. Tomo 50 p. 275 e. s., 277, 291. Rio de Janeiro. 1887.
[3] Heinrich Koster: Reisen in Brasilien. S. 507. Weimar 1817. Richard Andree: Petroglyphen. Ethnographische Parallelen und Vergleiche. S. 279. Stuttgart 1878.

scheinlich von einem roten Ton, der mit Urukú vermengt und mit Öl zusammengerieben worden war, gezeichnet. Dem Ansehen nach schienen sie schon vor geraumer Zeit gemacht worden zu sein. „Eine Deutung derselben," sagt der Reisende, „möchte ich auf keine Weise wagen; doch wird der Leser, welcher ihre treue Kopie im Atlas betrachtet, geneigt sein, in ihnen nicht bloß das rohe, gedankenlose Spiel einer ungeübten Hand zu erkennen, sondern die Annahme gerechtfertigt finden, daß ihnen irgend ein Gedanke zu Grunde liegt, den der Verfertiger in Zeichen zu versinnbilden suchte." Ganz in der Nähe dieses Felsens lagen große Haufen von Scherben rötlicher und ganz roh gearbeiteter Töpfergeschirre umher, unverkennbare Spuren, daß hier ehemals eine Niederlassung von Indianern bestanden habe.[1]

Auf dem rechten Ufer des Rio Doce fand Philippe Rey Striche und Zeichnungen primitiver Art mit einer zähe anhaftenden roten Farbe auf zwei Quarzfelsen gemalt. Ähnliche Felsmalereien existieren auch auf dem linken Ufer des Rio Doce und an verschiedenen Plätzen von Minas Geraes. Auguste Saint-Hilaire wies sie im Distrikte von Diamantina nach, wo sie nach seiner Angabe Figuren von Vögeln darstellten. Die Eingebornen nennen diese Zeichen „letreiros" (Inschriften) und wissen gar nichts über ihren Ursprung.[2]

Der Liebenswürdigkeit Herrn Wilhelms von den Steinen verdanke ich die nebenstehende Zeichnung, (Abb. 10) die er im Jahre 1888 an Ort und Stelle aufgenommen hat. Sie gibt Felsritzungen wieder, die sich in Rio Grande do Sul zwischen den deutschen Kolonien São Sebastião und Novo Hamburgo finden. Der Platz heißt Virador und besteht in einem stark überhängenden Sandsteinfelsen, der einen aus dem flachen Kamp allmählich ansteigenden Grashügel krönt. Den zahlreichen geraden Schliffen nach zu urteilen, die den unteren Teil der überhängenden Felswand in ihrer ganzen Länge bedecken, scheinen hier öfters Indianer gelagert und ihre Steinwerkzeuge geschliffen zu haben. Daneben finden sich einzelne Figuren mehr ornamentalen Charakters, die durch zufällige oder vielleicht auch beabsichtigte Verbindung solcher Schleifrillen entstanden sein mögen. Noch heute bietet dieses natürliche Felsdach Menschen und Vieh Schutz gegen Wind und Wetter.[3]

Wenige Jahre später schreibt August Kunert, evangelischer Pfarrer in der deutschen Kolonie Forromecco in Rio Grande do

---
[1] C. Friedr. Phil. von Martius: Reise in Brasilien. Bd. II S. 740—741. München 1828.
[2] Philippe Rey: Sur les inscriptions sur pierre du Rio-Doce (Brésil). Bulletins de la Société d'Anthropologie de Paris. Tome II p. 732—736. Fig. 1. Paris 1879.
[3] Nach persönlicher Mitteilung von Herrn Wilhelm von den Steinen.

Sul, über die Felsritzungen des Virador unter anderem folgendes: „Die Figuren im Felsen sind obscöne, und gerade diese sind mit mehr Ausdauer eingehauen, als die Darstellungen von Pinienbäumen und der Zickzacklinien."[1]) Obscönitäten aus diesen harmlosen Zeichen zu erkennen, dazu gehört schon eine etwas außergewöhnliche Phantasie.

Auch im Stromgebiet des La Plata fehlen diese Felsritzungen keineswegs.

Am Gaiba-See nördlich von Corumbá sind sie von Severiano da Fonseca und neuerdings von Max Schmidt beobachtet worden. Sie finden sich an einem Berg, der nach diesen Zeichen „Morro do Letreiro" (Inschriftenhügel) genannt wird. Schmidt berichtet darüber folgendes: „Es ist an dieser Stelle ein ziemlich beträchtlicher Teil des Gesteins der steilen Bergwand derartig von Menschenhand abgeschlagen, daß eine kleine künstliche Bucht hergestellt worden ist. Der Uferrand dieser Bucht wird durch eine Felswand gebildet, die bis zu einer bei dem derzeitigen niedrigen Wasserstande 3 Meter erreichenden Höhe senkrecht abgeschlagen war und hier in einer Ausdehnung von 5 m verschiedene eingegrabene Figuren aufwies. Die Abbildung, welche da Fonseca von diesen Felsfiguren gibt,[2]) ist zu ungenau und willkürlich, als daß sie irgendwie von Wert wäre, was schon ein oberflächlicher Vergleich mit der von mir an Ort und Stelle gezeichneten Skizze zeigt. Somit können wir auch von jener mysteriösen Deutung der eingegrabenen Figuren absehen, die da Fonseca ihnen unter Heranziehung von Sonne, Mond und Sternen, Schlangen, Menschenarmen und -beinen, Jaguarfüßen

Abb. 10. Die Felsritzungen des Virador in Rio Grande do Sul.

---

[1]) Zeitschrift für Ethnologie. Bd. 24. S. (503). Berlin 1892.
[2]) João Severiano da Fonseca: Viagem ao redor do Brazil. 1875—1878. Volume I p. 326—327. Rio de Janeiro 1880.

und Palmblättern unterlegt. Die Figuren zeigen in der Tat nichts, was die angeführte Deutung rechtfertigen könnte. Der Eindruck, den die an Ort und Stelle ausgeführte Untersuchung macht, läßt es zum mindesten sehr zweifelhaft erscheinen, ob es sich hier überhaupt um eine bildliche Darstellung irgend eines bestimmten Begriffes handelt."

Die indianischen Begleiter Schmidts legten den Figuren anscheinend keinen bestimmten Sinn unter, denn auf seine Frage nach dem Namen dieser Zeichen, erhielt der Reisende eine Wortkomposition, die die Begriffe „Stein," „holen" und „schleifen" zu enthalten scheint und sich offenbar auf den Ort und daneben auch auf die Entstehung der Figuren bezieht.[1])

Der Platz ist offenbar eine Art Steinbruch der früheren Bewohner, die hier das Material zu ihren Steinwerkzeugen holten und zugleich verarbeiteten. Doch darf man wohl nicht alle Figuren auf zufällige Anordnung von Schleifrillen zurückführen, da einige aus Kreisen mit radienförmig ausgehenden Strahlen und aus konzentrischen Kreisen bestehen. Bei ihrer technischen Arbeit mögen sich die Indianer in Augenblicken der Muße hier „spielend ergötzt" haben.

Felsritzungen ähnlicher Art, wie die von Gaíba, entdeckte Guido Boggiani bei S. Domingo in der Nähe von Corumbá auf bolivianischem Gebiet. Vojtěch Frič besuchte sie später und gibt eine Kopie davon, die jedoch auf Genauigkeit keinen Anspruch machen kann, da er sie, wie er selbst schreibt, „vom Sattel aus" aufnahm. Die Zeichen sind „in einen flach liegenden Stein eingraviert."[2])

In neuster Zeit (1906) untersuchte Paul Träger am Alto Paraná mehrere große Höhlen, von denen die eine auf einer Fläche von mehr als 40 qm alte eingeritzte Zeichnungen aufweist, primitive Darstellungen von Tieren, Menschen, Pflanzen, geometrische Figuren u. a. In der zweiten Höhle, die weniger Zeichnungen enthält, fand Träger auch keramische Reste. Die dritte Höhle ist leider fast bis zur Decke vom Hochwasser mit Schutt angefüllt, so daß Ausgrabungen nötig wären. Im Anschluss daran erhielt er Nachricht von ähnlichen Zeichnungen an anderen Orten und sah noch einige auf Felsen mitten im Fluß, die bei dem tiefen Wasserstande gerade frei lagen. Von vielen dieser Felsbilder hat der Reisende photographische Aufnahmen und Abklatsche mitgebracht, deren Veröffentlichung zur Zeit noch aussteht.[3])

---

[1]) Max Schmidt: Indianerstudien in Zentralbrasilien. S. 148–150 und Abbildung S. 149. Berlin 1905.
[2]) Vojtěch Frič: Sambaqui-Forschungen im Hafen von Antonina (Paraná). Globus: Bd. 91 S. 121–122 und Abbildung S. 121. Braunschweig 1907.
[3]) Paul Träger: Brief an die Anthropologische Gesellschaft zu Berlin vom November 1906. Zeitschrift für Ethnologie. Jahrgang 38. S. 1002. Berlin 1906.

Nur noch wenige Worte möchte ich hinzufügen über die Felsbilder im Gebiet der Cordilleren, auf die ich hier nicht näher eingehen werde, da sie sich im Bereich alter Kulturvölker finden und daher mit den oben behandelten Zeichnungen aus dem Gebiet der primitiven Stämme nicht unmittelbar zu vergleichen sind.

Die zahlreichen „Zeichenfelsen" des kolombianischen Hochlandes hat zuerst Adolf Bastian eingehend behandelt und abgebildet. Im Cauca-Tal findet man nur „eingegrabene Inschriften", „während sie im Wassergebiet des Magdalena meist mit roter Farbe aufgemalt sind, doch gewöhnlich gleichfalls unter Vertiefung der Oberfläche." Bastian sieht in diesen Zeichen eine Art Bilderschrift. Mit einigen besonders an Furten gelegenen Zeichenfelsen könne „eine topographische Orientierung beabsichtigt sein." Ein anderer Stein, „der an dem besuchtesten unter den gemeinsamen Marktplätzen der alten Kulturstämme lag," zeige in seinen Figuren vielleicht „einige der dortigen Verkaufsobjekte."[1]

Ein neuerer Forscher Vicente Restrepo verwirft ausdrücklich jede tiefere Bedeutung dieser Felsbilder als Schriftzeichen oder Landkarten oder Aufzeichnungen zum Andenken an große Ereignisse. Er hält sie einfach für spielende Äusserungen einer kindlichen Phantasie.[2]

In Südwestecuador entdeckte Theodor Wolf am Rio Caluguru bei Santa Rosa eine „uralte Bilderschrift." Die „Drei Linien tief eingemeißelten" Zeichen bedecken zwei flache Seiten eines Felsblocks aus sehr hartem Syenit, der aus dem Sand und Kies des breiten, im Sommer großenteils ausgetrockneten Flußbettes herausragt. Wolf hält diese Figuren, die vorwiegend aus primitiven Darstellungen menschlicher Köpfe und ornamentalen Motiven bestehen, „unbedingt für Hieroglyphen", bleibt aber den Beweis für seine kühne Behauptung schuldig.[3]

Die Felsbilder, die sich an verschiedenen Plätzen in Perú finden und bei Arequipa angeblich „Tiere, Blumen, Befestigungen" darstellen, halten von Tschudi und Mariano de Rivero für Hieroglyphen, die, wie letzterer meint, ohne Zweifel die Geschichte der Ereignisse vor der Inka-Dynastie berichten.[4] Rivero wundert sich, daß die besten alten Quellen nichts von solcher „Geheimschrift" melden!

---

[1] Adolf Bastian: Die Zeichen-Felsen Columbiens. Zeitschrift der Gesellschaft für Erdkunde zu Berlin. Bd. 13 S. 1—23 und Tafeln I und II. Berlin 1878.
[2] Vicente Restrepo: Los Chibchas. p. 171 ff. und Atlas: Laminas 42—46. Bogotá 1895.
[3] Verhandlungen der Berliner Gesellschaft für Anthropologie, Ethnologie und Urgeschichte. Bd. 12 S. 222—223. Berlin 1880.
[4] J. J. von Tschudi: Perú. Reiseskizzen aus den Jahren 1838—1842. Bd. II S. 387. St. Gallen 1846. Rivero und Tschudi: Peruvian Antiquities. p. 105—109. New-York 1855.

Von Felsbildern bei Tiahuanaco, „die von allen Beobachtern für symbolisch gehalten werden," berichtet Charles Wiener.[1])

In den argentinischen Provinzen Salta, Tucuman und Catamarca fand Hermann Burmeister zahlreiche Petroglyphen, von denen er Zeichnungen an die „Anthropologische Gesellschaft" in Berlin sandte. In seinem Bericht sagt er darüber u. a. folgendes: „Nach meinem Dafürhalten spricht die Ungleichartigkeit der Zeichen, ihre unregelmäßige Stellung und die Schnörkelei der meisten entschieden gegen diese Auffassung (daß es hieroglyphische Inschriften seien); es sind Phantasie-Spiele ohne alle Bedeutung."[2])

Das Gebiet der Diaguites oder Calchaqui, wie dieses alte Kulturvolk gewöhnlich nach einer seiner Unterabteilungen genannt wird, ist überhaupt reich an solchen Überbleibseln aus der Vergangenheit. Die Felsritzungen von Quilmes im westlichen Teil von Tucumán hat Juan B. Ambrosetti abgebildet und beschrieben.[3])

Derselbe Forscher fand (1895) in der Provinz Salta, hart an der Grenze der Provinz Tucumán am Ufer des Rio Carahuasi in einer Grotte figurenreiche und farbige Wandgemälde, die zu dem Merkwürdigsten und Vollendetsten gehören, was von dieser Art aus Südamerika bekannt geworden ist. Die Grotte findet sich ungefähr 25 m über dem Wasserspiegel und ist nicht von Menschenhand in den Sandsteinfelsen hineingearbeitet, sondern natürlichen Ursprungs. Die Figuren sind gelb, weiß, rot und auch blau oder besser gesagt grau auf schwarzem Grund. Sie stellen meistenteils Menschen und Tiere vor, doch fehlt es auch nicht an einer ziemlichen Anzahl von „symbolischen und anderen Zeichen." Die Farben müssen sehr dick aufgetragen sein, da die Zerstörung der schon verschwundenen Bilder und die Beschädigungen der noch vorhandenen weniger von den Einflüssen der Zeit und der Witterung, als von den Messern der Hirten herrühren, die daran herumkratzten aus bloßer Neugierde, um zu sehen, wie dick die Farbenschicht wäre. Die menschlichen Figuren sind durchschnittlich 8 cm groß, einige andere größer. Ambrosetti, der genaue photographische Aufnahmen von diesen Malereien machte und die Farben an Ort und Stelle getreu kopierte, sieht darin die Darstellung eines Zuges der Inka gegen Tucuman.

---

[1]) Charles Wiener: Pérou et Bolivie. p. 759. Paris 1880.
[2]) Zeitschrift für Ethnologie. Bd. 9. S. (357), Berlin 1877. Die Zeichnungen Burmeisters befinden sich jetzt unter Nr. 2785 in der Bibliothek des Kgl. Museums für Völkerkunde zu Berlin.
[3]) Juan B. Ambrosetti: La antigua Ciudad de Quilmes. Boletin del Instituto Geográfico Argentino. Tomo XVIII. p. 33—70. (66—70). Buenos Aires 1897. Vgl. auch Adan Quiroga: La Cruz en America. p. 197—220. Buenos Aires 1901.

Zwei andere Höhlen in derselben Gegend zeigen ähnliche Wand- und Deckengemälde, die jedoch nicht so gut erhalten sind, wie die von Carahuasi.

Außer diesen Grottengemälden konnte Ambrosetti in jenem Landstriche auch Petroglyphen beobachten. In Cafayete im Calchaqui-Tal fand er an einem großen Stein die in Weiß gehaltene Figur eines Straußes, die ungefähr $^{1}/_{2}$ m hoch war. Eine Höhle am Fuß dieses Felsens enthielt in einer kleinen Grotte außer Totenurnen und Skelettresten weiße Deckengemälde auf schwarzem Grund: ein Lama mit dickem, hoch erhobenem Schweif und mehrere Ornamente.

In demselben Tal, in der nächsten Nähe dieser Höhle, befinden sich jene Petroglyphen, die Ten Kate im fünften Band der „Revista del Museo de La Plata" (p. 436) beschrieben hat.

Auch an anderen Orten in der Nähe des Rio Calchaqui kommen „Piedras pintadas" vor, deren menschliche und Tierfiguren nach Ambrosettis Meinung „offenbar mit einem Meißel aus Bronze in das sehr harte Gestein eingegraben" sind. Unter den Tierfiguren zeichnet sich durch Natürlichkeit der Darstellung eine Hirschkuh mit saugendem Kalb aus.[1]

Einige Felsbilder aus Nordpatagonien hat Carlos Bruch abgebildet und beschrieben. Im „Territorio del Neuquen" fand er im Flußgebiet des Rio Limay einen erratischen Block, der auf der einen Seite mit aufgemalten, auf der anderen mit eingegrabenen Figuren bedeckt war. Die Rillen der letzteren, die sorgfältig ausgeführt waren, hatten eine Tiefe von vier bis zehn Millimetern und waren ebenfalls mit roter Farbe bemalt, die so fest anhaftete, daß sie noch jetzt schwer zu entfernen war. Unter den eingegrabenen Figuren waren besonders zahlreich vertreten Darstellungen von menschlichen Füßen. Andere Zeichen ähnelten den Spuren von Straußen und Guanacos. Die aufgemalten Figuren hatten entweder rote oder ockergelbe oder schmutzig-weiße Farbe. Bruch zögert, diese Felsbilder irgend einem Indianerstamm zuzuschreiben, da die Araukaner, die heute diese Gegenden bewohnen, ihm keine Erklärung der Zeichen geben konnten.

Felsritzungen ähnlichen Charakters entdeckte derselbe Forscher nicht weit davon entfernt in einer kleinen natürlichen Höhle, die, den menschlichen Skelettresten nach zu urteilen, als Begräbnisplatz gedient hatte,[2] und im Territorio del Rio Negro wiederum auf einem erratischen Block.[3]

---

[1] Boletin del Instituto Geográfico Argentino. Tomo XVI. p. 311—342. Buenos Aires 1895. Globus: Bd. 69. S. 155—158 und farbige Sonderbeilage. Braunschweig 1896.
[2] Revista del Museo de La Plata. Tomo X. p. 173—176 und 2 Tafeln. La Plata 1901.
[3] Ebenda: Tomo XI. p. 71—72. La Plata. 1902.

Von Felsritzungen im Feuerland, die sich auf einer durch vier Wege zugänglichen Plattform fänden, hörte Adolf Bastian bei einer Durchfahrt durch die Magalhãesstraße sprechen. Nach einer ihm zur Verfügung gestellten Zeichnung tritt darin neben Sonne und Mond die Hand auf.[1]

Über Bilderfelsen in Chile berichtet Rudolf Amandus Philippi. Im Tale „Cajon de los Cipreses" fand er „in etwa 5000 Fuß Meereshöhe einen Stein (eine Art Grünstein) mit eingeritzten Zeichnungen", deren Linien ungefähr 4 Millimeter breit und $1-\frac{1}{2}$ Millimeter tief waren. Die Figuren standen ohne alle Ordnung. Noch an verschiedenen Orten wurden ihm ähnliche „Piedras pintadas" angegeben.[2]

Die Petroglyphen im Aymara-Lande beschreibt David Forbes folgendermaßen: „In vielen Gegenden des Landes finden sich Darstellungen in sehr großem Maßstabe in die Bergflanken eingehauen, welche Lamas, Pumas, Menschen, Kreise, Rechtecke, Kreuze und andere Figuren darstellen. Einige dieser Figuren scheinen Begräbnisplätze anzuzeigen, da unter ihnen Mumien gefunden wurden, während andere vielleicht Wegweiser waren, welche die Straßenrichtung andeuteten, so den Weg, welcher zu dem Andenpaß von Cabeza de Vaca im Süden der Atacama-Wüste führt, wo Lamas mit den Köpfen in der Paßrichtung eingehauen sind.[3]

Eine treffliche Übersicht „über die chilenischen Pintados" mit ausgiebiger Berücksichtigung der einschlägigen Literatur gibt A. Plagemann im Bericht des Internationalen Amerikanisten-Kongresses zu Stuttgart (1904). Er teilt die chilenischen Felsbilder nach der verschiedenen Art ihrer Herstellung in sechs Typen, von denen eigentlich nur die drei ersten hier in Betracht kommen:

1. zumeist mit roter Farbe aufgetragene oder auch polychrom (in Rot, Schwarz, Weiß) ausgeführte Malereien auf einzelnen Felsblöcken, auf platten Bergwänden und Innenwänden von Höhlen,

2. in die Gesteinsoberfläche vertieft eingehauene Zeichnungen, auf isolierten Felsblöcken und platten Bergwänden,

3. aus der Gesteinsoberfläche erhaben herausgearbeitete Skulpturen,

4. in der Wüstenregion durch Einkratzen, Ausscharren von Linien in sandigen Lehnen hervorgerufene Zeichnungen, meist riesige Zeichen,

---

[1] Adolf Bastian: a. a. O. S. 5.
[2] Zeitschrift für Ethnologie. Bd. 8. S. (37)–(38). Berlin 1876.
[3] David Forbes: On the Aymara Indians. Journal of the Ethnological Society. New Series II. 271. Richard Andree: a. a. O. S. 280.

5. durch Steinsetzung, Zusammentragen und Anordnung von dunkelfarbigen Steinen zu Figuren auf lichtem Wüstenboden hervorgebrachte meist kolossale Zeichnungen,

6. durch planmäßige Forträumung und Verlegung dunkelfarbiger Steine, durch Steinversetzung nach abgesteckten Mustern auf dem lichteren Zersetzungsboden der Berglehnen in der Wüstenregion hervorgerufene gigantische Zeichnungen: gigantische „Steingärten".

Die drei letzteren Typen mit ihren „kolossalen Größenverhältnissen und der ganz eigenartigen Technik ihrer Herstellung, die ohnegleichen ist," setzen einen verhältnismäßig hohen Kulturgrad voraus und sind daher nicht unmittelbar mit den einfachen Felsritzungen und Felsmalereien in Beziehung zu bringen.

Plagemann hält die „Pintados" für „zweifellos symbolische Inschriften" von teilweise hohem Alter, für Kultäußerungen, Versinnbildlichungen religiöser Begriffe und Empfindungen. Er wendet sich gegen die Meinung, daß sie als Zeugen einer Profankunst aufzufassen, daß sie durch bloßen Spieltrieb, Nachahmungstrieb oder durch den Drang nach Mitteilung geschichtlicher Ereignisse oder privater Erlebnisse veranlaßt seien.

Diese Ansicht stützt sich auf Deutungen einzelner Figuren, die jedoch im wesentlichen aus Vermutungen bestehen, für die der Verfasser, wie er am Schluß seiner Studie resigniert zugestehen muß, die sicheren Beweise schuldig bleibt.[1])

---

[1]) A. Plagemann-Hamburg: Über die chilenischen „Pintados" S. 1—87. Taf. I—VI. Stuttgart 1906. Ergänzungsband zum Bericht über den 14. Internationalen Amerikanisten-Kongreß. Stuttgart 1904.

II.

Im folgenden gebe ich einen Bericht über alle Felsbilder, die ich in den Jahren 1903—1905 am oberen Rio Negro und seinen Nebenflüssen und am Pira-paraná, einem Zufluß des Yapurá, gesehen und zum größten Teil kopiert habe oder von deren Existenz ich sichere Kenntnis erhielt.

Kritische Betrachtungen, die ich über einzelne Felsbilder an Ort und Stelle in mein Tagebuch schrieb, sind hier wörtlich wiedergegeben und durch den Druck hervorgehoben, da sie am besten den Eindruck kennzeichnen, den ich als unbeeinflußter Beschauer beim Anblick dieser Zeichen hatte.

Ich werde mich bemühen, bei der Erklärung der Figuren, mich mit Hintenansetzung aller Phantasie möglichst durch technische Erwägungen leiten zu lassen. Dabei werden wir sehen, daß einige Formen ornamentalen Charakters immer wiederkehren und häufig in Kompositionen dazu dienen, konkrete Begriffe darzustellen. Ja, man kann sagen, daß sich fast alle Figuren mehr oder weniger in diese Grundformen zerlegen lassen.

Die Figuren finden sich meistens unregelmäßig zerstreut über die Felsen verteilt. Zum bequemeren Vergleich sind sie auf den Tafeln regelmäßig angeordnet. Linien, die allem Anschein nach erst neuerdings entstanden sind, und andere, deren Verlauf infolge von Verwitterung nicht mehr genau zu erkennen war, habe ich in der Zeichnung punktiert.

1. Rio Negro.

Ort: Suasú - Cachoeira (Hirsch - Schnelle). Gestein:[1] grobflaseriger, zersetzter Biotitgneiss; Oberfläche zerfressen und mit rötlicher Verwitterungsrinde bedeckt. Am Ende der Stromschnelle mitten im Fluß liegt die kleine Ilha do Bahú (Kofferinsel), so benannt nach einem auffallenden Felsen in Gestalt eines Würfels, auf dem Figuren eingegraben sind.

Ort: Itakoatiára-Cachoeira. Der Felsen Itakoatiára (bunter Stein), der dieser Cachoeira den Namen gegeben hat, findet sich an ihrem Ausgang. Er trägt deutliche Indianergravierungen, ornamentalen Charakters, soweit ich im Vorüberfahren erkennen konnte.

Am Kopf derselben Stromschnelle liegt ein Stein, genannt: Mauarí mukáua (Maguary-Flinte). Die Gravierung stellt angeb-

---

[1] Die Bestimmung der von mir mitgebrachten Gesteinsproben verdanke ich der Liebenswürdigkeit der Herren Professor Dr. von Wolff-Danzig und Dr. R. Cramer vom Mineralogisch-Petrographischen Institut zu Berlin.

lich einen Mann dar, der mit der Flinte auf einen Maguary-Storch schießt. Ich konnte nichts dergleichen bemerken, obwohl wir langsam vorüberfuhren. Vielleicht Naturspiel.

Ort: São Felippe. Gestein: Pegmatit. Am linken Ufer des Rio Negro gegenüber der Ansiedlung fanden sich früher auf einem flachen Felsen einige Figuren eingegraben. Dieser Felsen wurde gesprengt und in São Felippe als Pflaster verwendet. Auf einem Stein konnte ich noch die nebenstehende Abb. 11. Figur, einen Kreis mit mehreren flachen Grübchen, erkennen, die von den Indianern „Plejaden" genannt wird.

2. Rio Içána.

Die Felsritzungen des Rio Içána und seines Nebenflusses Aiary, die hier behandelt werden sollen, stellen ein ganz neues Material dar, da ich der erste wissenschaftliche Reisende war, der diese Flüsse befuhr und von den meisten Felsbildern genaue Kopien anfertigte.

Ort: Pedras de Camarões (Krabbensteine). Die Felsen bilden die untere Spitze einer mächtigen Bucht am rechten Flußufer und haben ihren Namen von drei Figuren, Tafel 1 Fig. a, b, c, die in einer Reihe neben einander auf einem Felsen eingegraben sind und von den Eingeborenen als Camarões (Krabben, von der Gestalt unserer kleinen Taschenkrebse) gedeutet werden. Die Höhe der Figuren beträgt durchschnittlich 40 cm. Auf einem anderen Felsen bemerkt man sehr primitive Zeichnungen eines Fisches, Fig. e, und von Vögeln in verschiedener Stellung. Fig. d hat Seitenansicht; Fig. f, g zeigen das „gemischte Profil".[1]) Bei Fig. f sieht man deutlich, wie zwei gleich angelegte Vogelfiguren ursprünglich unter einander standen und dann, vielleicht zufällig, vielleicht absichtlich, mit einander verbunden wurden. Auf einem Felsen finden sich runde, glatte Gruben, Steinbeilschliffe.

Einer meiner indianischen Begleiter, der Siusí-Häuptling Mandú, der seine Jugend in den Ansiedlungen der Weissen verlebt hatte und gern mit seinem unverstandenen Christentum renommierte, erzählte mir später, diese Figuren habe „Christo" eingegraben. Dann habe er mit einem Pfeil bis an das obere Ende der weiten Bucht in eine hohe Caraná-Palme geschossen. „Wie hieß dieser „Christo" bei den Siusí?" frug ich den Häuptling. „Yaperíkuli! Es war ein „Tupána" (Gott) und zugleich der erste Mensch, der erste Baniwa.[2]) Yaperíkuli hat auch alle anderen Felszeichnungen gemacht."

Mandú kleidet hier alte indianische Mythen in christliches

---

[1]) Mischung von Seiten- und Vorderansicht, die in der primitiven Kunst häufig vorkommt.
[2]) Der Sammelname „Baniwa" wird in diesen Gegenden allen Stämmen beigelegt, die Aruakdialekte sprechen.

Gewand. Yaperikuli ist, wie ich später erfuhr, der Kulturheros und Stammvater aller Aruakstämme dieser Gegenden.

Ort: Tatú-piréra (Gürteltier-Schale). Am linken Ufer eine vorspringende Felsecke mit einem Haus der Karútana-Indianer. Auf der vertikalen Fläche eines riesigen Felsens findet sich eine stark verwitterte Zeichnung: 36 in drei parallelen Reihen angeordnete flache Grübchen, in zwei durch einen etwas größeren Zwischenraum getrennten Abteilungen von je 18 Stück; darunter in der Mitte drei weitere Grübchen (Abb. 12). Das Ganze hat, wenigstens mit Indianeraugen gesehen, eine entfernte Ähnlichkeit mit der Zeichnung auf der Rückenschale eines Gürteltiers. Auf einem anderen Felsen deutliche Steinbeilschliffe, wie auf den „Pedras de Camarões."

Abb. 12.

Ort: Taiasú-kauéra (Schweinsknochen). Karútana-Dorf, drei Häuser auf dem rechten, ein Haus auf dem linken Ufer. Stromschnelle mit riesigem Felsengewirr. Links eine ganze Anzahl von Indianerzeichnungen auf mehreren Felsen, die meisten schon stark verwittert und in dem körnigen Gestein nur noch wenig sichtbar. Eine Zeichnung ähnelt der „Tatú-piréra": 162 in 9 parallelen Reihen zu zwei gleichen Abteilungen angeordnete flache Grübchen. Eine andere Figur erinnert an ein lateinisches V. (Abb. 13.) Daneben findet sich ein Kreis mit einem Grübchen in der Mitte.

Abb. 13.

Ort: Pedras de Korokoró (Ibis-Steine.) Ein Felsen trägt nach der Mitteilung meines Dieners Otto Schmidt eine eingeritzte ca. 1 m lange, anscheinend menschliche Figur.

3. Rio Aiary.

Ort: Kurauataïrapekúma. Ecke am rechten Ufer wenig unterhalb der Araripirá-Cachoeira. Tafel 2: Fig. a, b, c, d, f, g volutenartige Zeichnungen verschiedener Form, die der von Taiasú-kauéra (Abb. 13) ähneln; darunter eine zweilinige Doppelvolute, Fig. d, und der Anfang einer solchen, Fig. f. Die primitive Fischzeichnung h gleicht der Fig. e der Tafel 1. Außerdem fand sich noch eine Grübchenzeichnung wie in Taiasú-kauéra und in Tatú-piréra.

Ort: Pedras de Yauareté (Jaguar-Steine). Große Felsen am linken Ufer. Tafel 3: In Fig. a, b, d kehren die Grübchen wieder, aber in spitzwinkeligen Dreiecken angeordnet; a und b werden als Jaguare (Yauareté) gedeutet, wozu außer den Köpfen mit den durch flache Grübchen hervorgerufenen Glotzaugen offenbar die große Grübchenzeichnung die Veranlassung gegeben hat, die an das gefleckte Fell des Raubtiers erinnert. Ähnliche Köpfe treten uns auch in Fig. c und f entgegen. Tafel 4: Fig. a kompliziertes und geschmackvolles Muster, das sich in Gefäßornamenten wiederfindet. Fig. b—e volutenartige Zeichnungen wie Fig. a—d der Tafel 2.

Ort: Okukirapekúma. Felsen nahe dem rechten Ufer mit vielen deutlichen, anscheinend frisch nachgeritzten Figuren bedeckt.

Ort: Bokoëpana. So wird diese bedeutende Stromschnelle von den Siusi-Indianern genannt. Tafel 5: Auf einem riesigen Felsen findet sich zwischen einer zweilinigen Doppelvolute und einer konzentrischen Kreisfigur eine 82 cm hohe Darstellung eines Mannes mit stark hervorgehobenen Geschlechtsteilen. Sie soll ein Bild des Kóai sein, des Sohnes des Yaperikuli, der auch Uamúdana oder Manhekanalienipe genannt wird, und dem diese Indianer die größte Verehrung entgegen bringen. An der oberen scharfen Kante des Felsens bemerkt man eine Anzahl Marken, runde Gruben, vielleicht Schleifrillen, in gleichen Abständen. Tafel 6: Fig. g, auf einem anderen Felsen eingegraben, zeigt zwei gegen einander gestellte volutenartige Zeichnungen, ähnlich der Fig. g der Tafel 2.

Ort: Hipana. Unter den zahlreichen Felsritzungen dieser Cachoeira spielt wiederum die Doppelvolute eine große Rolle. Sie findet sich teils allein in verschiedenen leichten Variationen, Tafel 6 Fig. d, e, f, teils in Kompositionen verwendet. So bildet sie in Fig. b die „Ohren" und die untere Spitze des Dreiecks, das dem menschlichen Gesicht als Umrahmung dient. Fig. c zeigt eine Doppelvolute mit zwei verschieden gekrümmten Schenkeln. Die von ihnen eingeschlossene Fläche enthält eine Anzahl Grübchen. Oben darauf ist ein Kreis gesetzt, sodaß das Ganze nun eine entfernte Ähnlichkeit mit einem menschlichen Oberkörper hat, dessen Arme die Voluten bilden. Auch in den Krabbenfiguren a, b, c der Tafel 1, die vielleicht als mensch-

Abb. 14. Wassertopf der Siusi. Rio Aiary.

liche Darstellungen gedeutet werden müssen, sind Voluten als Extremitäten verwendet. Die dreieckig angeordnete Grübchenzeichnung a der Tafel 6 entspricht den Fig. a, b, d der Tafel 3. Tafel 7: Der doppellinige Winkel f kehrt in der danebenstehenden Fig. e als Bogen wieder. Teile einer menschlichen Darstellung hat man damit verbunden. Die Fig. h, i, k finden sich neben einer anderen größeren Figur, die leider nicht mehr zu erkennen war, auf einem freiliegenden Felsen am rechten Ufer. Sie wurden mir von meinen indianischen Begleitern als „Topfmalerei" bezeichnet und kehren in der Tat sehr häufig unter den Mustern der herrlichen Keramik dieser kunstfertigen Aruakstämme wieder (Abb. 14). Der Mäanderzeichnung h begegnen wir auch als farbigem Geflechtsmuster auf den flachen Körben. Aus der einlinigen und doppellinigen Spirale i, k können durch Fortsetzung im Spiegelbild die entsprechenden volutenartigen Zeichnungen entstehen.

Neben diesem Bilderstein auf dem flachen Felsboden entdeckte ich längliche scharfe Schleifrillen, die von den flachrunden Schliffen auf den „Pedras de Camarões" und den Felsen von Tatupiréra gänzlich abwichen.

Abb. 15. Stein mit Schleifrillen.[1]

Man kann zwei Arten von Schleifmarken beobachten, die häufig nebeneinander vorkommen. 1. runde, schalenähnliche Marken, die bei einem gewöhnlichen Durchmesser von 15 cm in der Mitte eine Tiefe von 2 cm haben. Sie sind offenbar dadurch entstanden, daß die Indianer an diesen Stellen die flachen Seiten ihrer Steinbeile zugeschliffen und geglättet haben. 2. lange schmale Furchen, die an beiden Enden spitz zulaufen, durchschnittlich einen Fuß lang sind und eine Breite und in der Mitte eine Tiefe von etwa 3 cm haben. Sie sind anscheinend durch das Schleifen der Steinbeilschneiden hervorgerufen (Abb. 15).

Ort: Suasú-Cachoeira (Hirsch-Schnelle). Tafel 7: Fig. b, c sehr primitive Darstellungen von Menschen, offenbar Männern. Die Verlängerung der Rumpflinie scheint den Penis anzudeuten. Fig. a unfertige menschliche Darstellung; Kopf fehlt. Die menschlichen

---

[1] Ein Teil des Steines mit der Hälfte der Schleifrillen ist abgebrochen.

Figuren bleiben sich bei den einfachen Strichzeichnungen im Wesentlichen stets gleich: eine gerade Linie bildet den Rumpf und wird oben und unten von zwei Strichen gekreuzt, die die Oberarme und Oberschenkel darstellen. Zu diesen stehen die Striche der Unterarme und Unterschenkel mehr oder weniger rechtwinkelig. Die ersteren sind entweder aufwärts oder abwärts, die letzteren meist abwärts, selten aufwärts gerichtet. Diese Knicke in den Extremitäten sollen anscheinend nur die Gelenke bedeuten. Mehrere, in der Regel drei, strahlenförmig ausgehende Striche geben Finger und Zehen an. Ein kleiner Kreis oder eine runde Grube am oberen Ende des Rumpfstriches bilden den Kopf.

So enthält auch Fig. e der Tafel 7 offenbar die Darstellung menschlicher Körperteile: des Rumpfes mit den Armen und Fingern.

Ort: Pedras de Tamanduá (Ameisenbär-Steine). Ein Felsen nahe dem rechten Ufer trägt mehrere Gravierungen.

Ort: Yurupary-Cachoeira. Gestein: Rötlichweißer, arkoseartiger Sandstein mit brauner Verwitterungsrinde. Tafel 8: Diese große und gefährliche Stromschnelle wird von den Siusi Iyéipana genannt, nach ihrem schlimmsten Dämon Iyeimi,[1]) dessen Kopf die Indianer in einer großen zähnefletschenden Fratze, Fig. b, sehen, die sich neben vielen anderen Ritzungen auf einem hohen Felsen findet (Abb. 16). Auch unter diesen Figuren nimmt die Doppelvolute einen bevorzugten Platz ein. Sie kommt allein vor, einlinig in Fig. h und doppellinig mit verschieden geschwungenen Schenkeln in den Fig. f, g, i.[2]) In Fig. b bildet sie die Ohren und die Konturen des Gesichtes (vgl. Tafel 6 Fig. b). Die Nase wird durch die Verbindungslinie der beiden Augenbogen hervorgerufen — wie noch heute die Indianer bei der Wiedergabe menschlicher Gesichter verfahren — und erinnert mit diesen an eine unfertige Doppelvolute. Die Zähne werden durch 8 Grübchen repräsentiert, die in zwei Reihen regelmäßig übereinander stehen. Die Zacken, mit denen der Kopf oben abschließt, scheinen Federschmuck anzudeuten.

In Fig. a ist eine 50 cm lange, geradeausgezogene zweilinige Doppelvolute mit drei konzentrischen Bogen verbunden, sodaß das Ganze einem Hut mit stark aufgerollter Krempe entfernt ähnelt. Darunter findet sich eine Anzahl Grübchen, die auch in den Fig. c und d wiederkehren. Fig. e scheint eine etwas mißlungene und unfertige Nachahmung des Gesichtes b zu sein. Fig. k zeigt die „in ein Quadrat eingeschlossene und mit einer Seite desselben in Verbindung" stehende Spirallinie, die Martius so häufig unter den Malereien der heutigen Indianer und bei den Felsritzungen am

---

[1]) Dieser Dämon wird in der „Lingoa geral" nach dem gefürchtetsten Dämon der Tupi: Yurupary genannt.
[2]) Fig. g = 56 cm lang. Fig. i = 68 cm lang.

oberen Yapurá angetroffen hat.¹) (Abb. 17.). Tafel 9: Fig. a trägt ebenfalls ornamentalen Charakter: eine Art dreieckiger Spirallinie in zwei konzentrischen Dreiecken eingeschlossen; daneben fünf parallele Wellenlinien, wie man sie häufig als Randmuster an Ge-

Abb. 16. Bilderfelsen der Yurupary-Cachoeira. Rio Aiary.

fäßen trifft. Der Felsen ist an dieser Stelle mit einem Teil der Zeichnung abgesprungen.

Die Grundform der Fig. b ist offenbar eine primitive menschliche Darstellung, die nicht fertig wurde, und deren Bedeutung spätere Hände verwischten. Man erkennt noch die Linien des

---

¹) Reise: III 1154, 1273. Beiträge: I. 572.

Rumpfes und der Extremitäten. Die Arme mit je drei Fingern sind regelrecht ausgeführt, während die Unterschenkel unvollendet geblieben sind. Von dem einen Arm hat man dann durch das entsprechende Bein einen unmotivierten Strich gezogen und die Rumpflinie, verführt durch die Nachbarschaft der Hände, in drei Finger ausgehen lassen.

Bei Fig. c haben Kunst und Naturgewalt zusammen gewirkt, um ein Bild zu schaffen, dessen Deutung sich dem Beschauer förmlich aufdrängt. Zwischen einigen Zeichnungen, diese zum Teil zerstörend, ist ein Stück der Felsoberfläche abgesprungen, so daß die dadurch entstandene Figur mit einem in voller Flucht dahineilen-den Affen eine große Ähnlichkeit hat und deshalb auch von den Indianern „Affe" genannt wird. Rumpf und Kopf des Tieres werden von der Bruchnarbe des Felsens gebildet, der hoch erhobene Ringelschwanz von dem Rest einer volutenartigen Zeichnung, die Beine von anderen Figuren, deren ursprüngliches Aussehen sich jetzt nicht mehr erkennen läßt.

Abb. 17.

Ort: Yakaré-Cachoeira (Alligator-Fall). Kurz oberhalb des letzten Indianerdorfes tost der Aiary in mächtigem Fall zwischen hohen Felswänden dahin. Katsiripana (Alligatorhaus) nennen die anwohnenden Aruakstämme diesen malerischen Punkt nach einer natürlichen Höhle auf dem rechten Ufer, die von übereinander getürmten Felsblöcken gebildet wird. Die Felsen am Ausgang der Cachoeira sind mit zahlreichen Gravierungen bedeckt, die zum größten Teil, trotz ihres anscheinend hohen Alters, vorzüglich erhalten sind und in einzelnen Tierfiguren ein besonderes Interesse darbieten (Abb. 18).

Dazu gehören vor allem die drei Vogelfiguren, Tafel 10 Fig. a, b, c, die an ähnliche Darstellungen auf den „Pedras de Camarões", Tafel 1, erinnern. Bei Fig. a ist wiederum eine jetzt unerklärliche Zeichnung, die ursprünglich vielleicht einen Vogel oder einen Vierfüßler darstellen sollte, im Lauf der Zeit aber offenbar zahlreiche Veränderungen erfahren hat, durch Weiterziehen der Linien mit der Vogelfigur verbunden worden, so daß das zusammenhängende Ganze nunmehr eine Länge von 2,38 m hat.

Tafel 11: Von fast naturalistischer Treue ist die Kröte, Fig. d, die von mir und meinem Diener sofort richtig erkannt und von den Indianern auch als solche bezeichnet wurde. Nicht minder leicht zu deuten ist die Schildkröte, Fig. b, deren Kopf, Schwänzchen und Hinterfüße durch flache Gruben dargestellt sind. In Fig. c tritt dies Tier zweiköpfig auf, und Fig. a zeigt es in sehr primitiver Ausführung. Zu den volutenartigen Zeichnungen gehören die doppellinigen Figuren e und f. Doppelvoluten sind auch verwendet bei den Figuren g und h, die in ihrer Form etwas an die „Camarões" der Tafel 1 erinnern. Fig. i endlich, die ebenfalls eine Art Doppelvolute enthält, läßt sich mit Fig. c der Tafel 6 in Beziehung bringen.

Tafel 12: Fig. a scheint eine unfertige Wiederholung der „Schildkröte" a der vorhergehenden Tafel zu sein. Fig. c hat einzelne Züge mit der famosen Kröte dieser Tafel gemeinsam. Bei

Abb. 18. Bilderfelsen der Yakaré-Cachoeira, Rio Aiary.

der unverkennbaren menschlichen Fig. i sind Kopf und Hände durch runde Grübchen angedeutet; die Zehen gehen in ebensolche kleinere Grübchen aus, die auf den Beschauer wie die knotenartigen Verdickungen an den Zehen eines Laubfrosches wirken. Auch die Fig. g und h, zu denen Fig. d der Tafel 7 gehört, können wir als sehr primitive menschliche Darstellungen ansprechen. Eine ähnliche Figur fand ich neben anderen Zeichnungen mit Kohle auf die Vorderwand der Siusi-Maloka[1]) der Araripirá-Cachoeira des Aiary gemalt (Abb. 19). Sie wurde mir von den Bewohnern selbst als „Mensch" gedeutet. Die übrigen Figuren dieser Tafel sind Kompositionen einzelner typischer Formen ohne bestimmten Charakter.

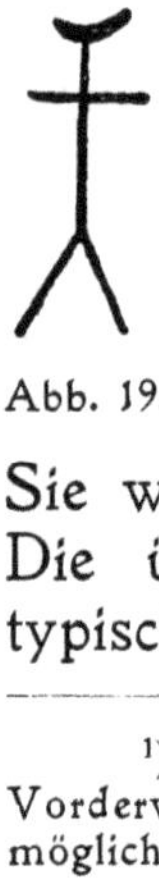

Abb. 19.

---

[1]) Maloka ist ein großes Familienhaus, das ein ganzes Dorf repräsentiert. Die Vorderwand ist bis über Mannshöhe mit ausgebreiteten Rindenstücken bekleidet, die alle möglichen Zeichnungen und bisweilen geschmackvolle Muster in bunten Farben tragen.

4. Rio Caiary-Uaupés.

Die Felsbilder des Caiary-Uaupés hat mein Vorgänger Conte Ermanno Stradelli zum Teil bereits abgebildet.

Doch sind seine Kopien so ungenau, daß sie nur geringen Wert haben und zum vergleichenden Studium sich nur wenig eignen. Wo es von Nutzen ist, werde ich im folgenden auf einzelne Bilder Stradellis zurückgreifen.

Ort: Ipanoré-Cachoeira. Am Ausgang dieser gewaltigen Stromschnelle, die den Beginn des langen Cachoeira-Gebietes des Caiary-Uaupés bildet, finden sich auf Felsen am linken Ufer einige stark verwitterte und wenig charakteristische Indianerritzungen. Bei meiner Rückreise vom Uaupés, Ende Dezember 1904, sah ich diese Felsbilder zuerst, fand aber trotz des niedrigen Wasserstandes die meisten unter Wasser.

Ort: Yauareté-Cachoeira. Sie ist besonders reich an gut ausgeführten und wohlerhaltenen Felsbildern, die mannigfaltige und phantastische Formen zeigen. Einzelne Figuren sind an zwei Meter lang und tief in das harte Gestein eingeritzt. An einigen sieht man deutlich, wie spätere Geschlechter, die Bedeutung der angefangenen Figur mißverstehend oder aus jeweiliger Laune, die Linien in ganz anderer Richtung weitergezogen oder nahe aneinander hergehende Linien unrichtig mit einander verbunden haben, wodurch sie ein Zerrbild schufen, aus dem die ursprünglich gewollte Bedeutung nur sehr schwer zu erkennen ist.[1])

So scheinen die Figuren 13c, d, 14c und 15c Anfangszüge einer menschlichen Darstellung zu enthalten.

Die Glätte der Rillen zeigt, daß die Indianer die meisten Figuren bis in die jüngste Zeit häufig nachgeritzt haben. Auf mehreren Felsen finden sich auch zahlreiche Schleifmarken von Steinwerkzeugen, teils länglich-scharfe, teils runde von verschiedener Tiefe.

Deutliche menschliche Darstellungen treten uns in den Figuren 13a, 14i und 15b entgegen. Bei den Figuren 14a und 15a, d, e bleibt es zweifelhaft, ob sie ursprünglich Menschen oder Affen darstellen sollten. Der Rumpf ist teils durch einen Strich, teils als Flächenzeichnung in seinen Konturen wiedergegeben. Bei sämtlichen Figuren sind Arme und Beine abwärts gebogen; Augen, Mund und Nase fehlen. Fig. 13a zeigt, etwas ungewöhnlich, je vier Finger, während die Beine, ähnlich wie die Arme der Fig. 12i, in Grübchen endigen. Der Kopf bildet in 13a und 15b und in

---

[1]) Wörtlich meinem Tagebuch entnommen: 21. August 1904.

gewissem Sinne auch in 14i die Fortsetzung des Rumpfes, doch ist bei der ersten und vielleicht bei der letzten Figur auch die untere Gesichtshälfte angedeutet, so daß die Verbindungslinie der Arme das Gesicht halbiert. Bei Fig. 15b hat man den Penis nicht vergessen. Fig. 14a hat, wie das Kóai-Bild der Tafel 5, an dem einen Arm drei, an dem anderen zwei Finger und an jedem Bein zwei Zehen. Ähnlich wie bei Fig. b der Tafel 9, so hat auch hier die Nachbarschaft der Zehen einen späteren Zeichner veranlaßt, die Verlängerung des Rumpfes in eine ebensolche Gabelung ausgehen zu lassen. Die Köpfe sind teils durch Kreise, wie in 14a und 15a, teils durch flachrunde Grübchen dargestellt, wie bei den Fig. 15d, e, die sich nebeneinander allein auf einem Felsen am Ende der Cachoeira finden.

Ähnlichen Grübchenzeichnungen begegnen wir in den Fig. 15f, g, die überhaupt in manchen Einzelheiten mit den Fig. 15d, e übereinstimmen. Die Fig. 14g erinnert etwas in ihrer Anlage an 15g. Darstellungen von Tieren müssen wir offenbar in den Fig. b und e der Tafel 13 erkennen. Beide haben eine gewisse Ähnlichkeit mit einer Petroglyphe der Martyriosinsel des Araguaya, die Ehrenreich für die Darstellung eines Insekts, vielleicht einer Ameise, hält (Abb. 20).[1])

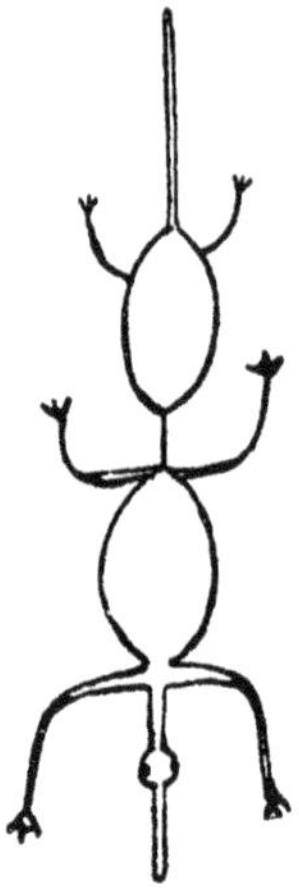

Abb. 20.

Die Schlangenzeichnungen 15h, k, l geben keine weiteren Rätsel auf. Der dreieckige breite Kopf der ersteren scheint auf eine Giftschlange hindeuten zu sollen. Eine Zusammensetzung von Schlangenlinie und Grübchen zeigt Fig. 15i. Die konzentrische Kreisfigur mit Grübchen als Mittelpunkt, 14d, f, finden wir auch in Fig. 14b verwendet. Dieselbe Figur gibt den zweilinigen Bogen der Fig. 14e, die mit Fig. 7e zu vergleichen ist, gewissermaßen in Verdoppelung wieder. Dabei muß bemerkt werden, daß die Fig. 14b, d, e, f auf demselben Felsen vorkommen.

Die Indianer erklären alle diese Felszeichnungen auf ihre Weise, so 13a, b und 15d, e als „Leute", 14g sogar als „weibliche Geschlechtsteile." Fig. 14h, die der oben erwähnten Felsritzung von São Felippe (Rio Negro) fast genau gleicht, wird ebenso wie dort „Plejaden" genannt. Fig. 14b deuten sie als „Arara", und in der Tat ist eine gewisse Ähnlichkeit mit der Gestalt dieses farbenprächtigen Vogels, wenn man ihn hoch in den Lüften fliegen sieht, nicht zu leugnen.

---

[1]) a. a. O. S. 47. Fig. 23.

Später fand ich etwas unterhalb der Yauareté-Cachoeira am rechten Ufer eine künstliche Felsritzung, die man mit einiger Phantasie für eine Tapirspur halten könnte. (Abb. 21.) In uralter Zeit, als Yaperikuli noch unter den Menschen weilte, so erzählte mir der alte Häuptling der dort wohnenden Tariána-Indianer, sei ein riesiger Tapir von hier aus in den Fluß gesprungen und habe die Spur hinterlassen. Also eine Art „Roßtrappe"!

Abb. 21.

Ort: Uakariáka-Cachoeira. Sie bildet eigentlich nur den harmloseren Kopf der langen Yauareté-Cachoeira. Ein Felsen trägt unter anderen eine volutenartige Zeichnung mit stark geschwungenem Schenkel, Fig. 16a, die am meisten an Fig. 2a erinnert. Eine andere Figur, von der ich im Vorüberfahren nichts sah, soll nach Aussage meiner Indianer einen Yaburú-Storch darstellen.

Ort: Mikúra-Cachoeira. Auf einer kleinen Insel etwas oberhalb dieser Schnelle soll sich, wie die Indianer versicherten, ein Felsen mit der großen Zeichnung eines Tapirs finden.

Ort: Umarí-Cachoeira. Tafel 16: Auf Felsen des linken Ufers entdeckten wir zahlreiche Ritzzeichnungen, die offenbar aus alter Zeit stammen, da sie schon sehr verwittert sind. Die meisten sind mehr oder weniger ausgeführte menschliche Darstellungen in Strichzeichnung, Fig. f bis m. Die Unterbeine sind abwärts, die Unterarme, insofern sie nicht fehlen, aufwärts gekrümmt; nur die nachlässig angelegte Fig. g macht mit abwärts gekrümmten Armen eine Ausnahme. Bei den Fig. h und m laufen die Beine wiederum in Grübchen, bei Fig. h, i, k die Arme in je drei Finger aus. Einzelheiten des Gesichts fehlen bei sämtlichen Figuren. Fig. k, l, m tragen auf der Kreislinie des Kopfes merkwürdige halbkreisförmige Bogen, die vielleicht einen Kopfputz darstellen. Fig. i ist durch spätere Zusätze, zwei überzählige Arme und planlose Verlängerung und Verbindung einzelner Linien, zu einer Mißgestalt geworden, die jedoch die ursprüngliche Bedeutung als menschliche Figur noch deutlich erkennen läßt.

Die übrigen Figuren sind: zwei Spiralen, Fig. b, c; eine nach verschiedenen Seiten aufgerollte Doppelvolute mit sehr ungleich großen Spiralen, Fig. d; endlich eine sternförmige Zeichnung, bestehend in einem Grübchen mit sieben strahlenartig ausgehenden Strichen, Fig. e.

Die Verteilung der Figuren auf die einzelnen Felsen ist folgendermaßen: h, m, l, k, die zum Teil an zwei Meter lang sind, finden sich auf einem flachen Felsen nebeneinander, f auf einem anderen flachen Felsen in der Nähe und b, c, d, e, g, i auf einem abgerundeten Felsblock etwas abseits im Ufergestrüpp. Einige Figuren waren von den Indianern frisch nachgefahren.

Alle diese Felsritzungen, erklärten mir die Tariána, habe Yaperíkuli gemacht, ihr Stammesheros, den sie mit ihren nördlichen Verwandten des Içána gemeinsam haben.

Auf dem rechten Ufer fand ich bei der Rückreise die Fig. n, die, abgesehen von den mit liebevoller Sorgfalt ausgeführten Geschlechtsteilen, im großen und ganzen mit den menschlichen Darstellungen des linken Ufers übereinstimmt.

Ort: Arára-Cachoeira. Gestein: Heller körniger Gneiß. Auf dem rechten Ufer nahe dem gewaltigsten Absturz dieser imposanten Cachoeira tragen die Felsen zahlreiche stark verwitterte Indianerritzungen, von denen Tafel 17 die bemerkenswertesten wiedergibt. Die Bedeutung der meisten dieser vielfach verschlungenen Figuren ist nicht zu enträtseln. Viele sind wohl überhaupt nur sinnlose Kritzeleien. Andere lassen noch die Anlagefigur erkennen, haben aber wiederum im Lauf der Zeit vielfache Veränderungen und Zusätze erfahren. So enthält Fig. a Teile einer menschlichen Darstellung. Dem doppellinigen Winkel, der in Fig. b in Verbindung mit Grübchen und anderen Zeichen auftritt, sind wir schon in Fig. 7f begegnet. Fig. e erinnert an Fig. 2e und an Teile der Fig. 4a, 8a und 9a. Fig. f zeigt eine durch einen ungleichschenkligen Winkel mit einer konzentrischen Kreisfigur verbundene Spirale.

Ort: Karurú-Cachoeira. Gestein: Grobflaseriger, zersetzter Biotitgneiß. Der Fluß bricht sich hier durch hohe felsige Ufer gewaltsam seine Bahn und ist von beiden Seiten durch vorspringende Felsecken stark eingeengt. Das linke Ufer bildet sozusagen eine einzige riesige Felsplatte, die in mehreren Stufen ansteigt und bei Hochwasser durch einen schmalen Flußarm vom Festland getrennt ist. An der vertikalen Fläche einer dieser langgestreckten Felsstufen finden sich mehrere ca. 1$^1/_2$ m hohe Figuren eingeritzt, die, der Verwitterung nach zu urteilen, schon ein ansehnliches Alter haben.

Fast alle haben die Indianer in letzter Zeit häufig nachgefahren, wobei sie bisweilen, wie man deutlich erkennen kann, in falsche Linien gerieten und, wo die Natur vorgezogen hatte, weiter furchten, so das Bild verändernd. Nach längeren Bemühungen fand ich mit Hilfe der Indianer die ursprünglichen Figuren heraus und kopierte sie nach bestem Wissen und Gewissen. Das undeutlich Erkennbare punktierte ich; natürliche Risse im Gestein, die man ganz frisch nachgefahren hatte, ließ ich weg.[1]

Tafel 18: Sämtliche Figuren sind Konturenzeichnungen und scheinen Menschen und Fische darzustellen. Der Kopf bildet die Fort-

---

[1] Wörtlich meinem Tagebuch entnommen: 1. Dezember 1903.

setzung des Rumpfes. Bei einigen ist der Übergang durch leichte Einknicke angedeutet, durch die bei den menschlichen Figuren die Verbindungslinie der Arme geht. Bei dem männlichen Zwillingspaar 18a, das 1,48 m hoch ist, ist die eine Figur offenbar die Kopie der anderen. Aus Laune hat man dann eine einzige Oberarmlinie durchgezogen und an deren Enden je einen Unterarm aufgesetzt. Auch zu Fig. 19a hat wahrscheinlich eine der Fig. 18a die Veranlassung gegeben. Doch ist sie unvollendet geblieben, und eine spätere Hand hat, vielleicht verführt durch die daneben stehende Fischzeichnung, dem Unterleib durch Verlängerung der sich kreuzenden Abschlußlinien eine Art Fischschwanz hinzugefügt. Die Arme der Fig. 18b sind, ähnlich wie bei den Fig. 13c, 14i und 15f, halbkreisförmig an den Rumpf zurückgebogen; die Verbindungslinie der Beine schneidet, wie bei zahlreichen folgenden menschlichen Darstellungen, den unteren Teil des Rumpfes ab. Fig. 18c haben wir als unvollendete menschliche Darstellung anzusehen; ebenso Fig. d derselben Tafel, die sich im Lauf der Zeit manche willkürliche Zusätze und Veränderungen hat gefallen lassen müssen. Sie wird von den Indianern als „Kröte" gedeutet.

Interessant sind die Fischzeichnungen der Tafel 19, die teilweise an der charakteristischen Gestalt leicht zu erkennen sind. So stellt Fig. e unzweifelhaft einen Stachelrochen dar, der zu den gefährlichsten Bewohnern der dortigen Flüsse gehört. Fig. c müssen wir wegen des aufwärts gebogenen Kopfes und stark eingeschnürten, breiten Schwanzes als Pirandira (Fledermausfisch) ansprechen, wie ein Vergleich mit der nebenstehenden Holzfigur der Kobéua (Abb. 22), die diesen Fisch wiedergibt, zur Genüge zeigt.[1]) Bei den beiden

Abb. 22. Pirandira-Fisch. Holzfigur der Kobéua, Rio Cuduiary.

anderen Fischfiguren b und d ist der Kopf durch einen Strich, den Kiemenbogen, abgetrennt. Ein anderer Strich deutet bei b das breite Maul an, während bei der eleganten Fischfigur d, deren Schwanzspitzen spiral auslaufen, die großen runden Augen durch Grübchen dargestellt sind.

In der Nähe der Figuren entdeckten wir auf dem flachen Felsboden zahlreiche längliche und runde Steinbeilschliffe.

---

[1]) Vgl. außerdem in meinem Buch: Anfänge der Kunst im Urwald. Berlin 1906, die Figuren 43m und 45c.

Unmittelbar am Absturz der Cachoeira findet sich eine Gruppe übereinander getürmter und mit Gebüsch bewachsener Felsen, von denen zwei die Figuren der Tafel 20 tragen. Fig. a, in der die Indianer die schreckliche Yararáka (Cophias atrox) sehen, hat eine Länge von 1,70 m. Der leicht geschlängelte Leib ist breiter als gewöhnlich aus dem Gestein herausgearbeitet. Die links sich abzweigende Verdoppelung des Schlangenleibes, die ziemlich willkürlich, ohne den charakteristischen Kopf der Hauptfigur, verläuft, ist anscheinend von späterer Hand hinzugefügt, wenn sie auch jetzt ihrer technischen Ausführung nach nicht mehr von dieser zu unterscheiden ist. In Fig. b erkennen wir eine menschliche Darstellung verbunden mit Ornamenten in parallelen Bogenlinien, die mit den Fig. 2e, 4a, 8a, 9a und 17e Ähnlichkeit aufweisen.

Abb. 23. Felszeichnungen der Makukú-Cachoeira.
Rio Caiary-Uaupés.

Ort: Makukú-Cachoeira. Gestein: Grobflaseriger Gneiß. Die Figuren f, g, h der Tafel 21 fand ich tief eingegraben auf einem Felsblock am linken Ufer (Abb. 23). Die beiden parallelen Bogen der Fig. f erinnern an Einzelheiten der Fig. 20b. Auf Fig. g werde ich weiter unten zurückkommen.

Auch auf einigen Felsinselchen mitten in der Cachoeira bemerkte ich frisch nachgefahrene, weithin sichtbare Indianergravierungen; doch waren sie bei dem damaligen hohen Wasserstande nicht zu erreichen.

Ort: Naná-Cachoeira. Sie bildet mit der Makukú-Cachoeira eigentlich eine langgestreckte Stromschnelle, deren einzelne Abstürze nur besondere Namen führen. Auf beiden Ufern finden sich Felsbilder. Eine vertikale Felswand des rechten Ufers trägt die Fig. a, b, c der Tafel 21. Zwischen einer doppellinigen Spirale b und einer breit eingegrabenen halbmondförmigen Figur, die von einem runden Grübchen begleitet ist, c, nimmt Fig. a in einer Ausdehnung von 1,89 m fast die ganze Höhe des Felsens ein. Sie wird von den Indianern als ein „Zeremonienstab" gedeutet, den die Häuptlinge bei feierlichen Gelegenheiten, Tanzfesten u. a., tragen, hat aber mit diesem nicht die geringste Ähnlichkeit. Was diese merkwürdige Figur überhaupt bedeutet, und ob sie jemals eine bestimmte Bedeutung gehabt hat, das läßt sich nicht entscheiden. Wahrscheinlich ist sie zu verschiedenen Zeiten entstanden, indem spätere Besucher konkrete Anfänge ohne Verständnis ergänzten und erweiterten. Der obere Teil der Figur scheint die Anlage eines menschlichen Kopfes zu sein mit ähnlichen großen runden Augen, wie sie die Fischfigur 19d zeigt. Die Linie, die diesen Kopf halbiert und sich nach der einen Seite verlängert, ist hier mit Zacken und Bogen besetzt, die in der Ornamentik der heutigen Indianer als „Fledermauszeichnung" eine große Rolle spielen.[1]) Die längliche rumpfähnliche Fortsetzung, in die der „Kopf" unmittelbar übergeht, wird im unteren Teil durch zwei Doppelvoluten durchschnitten, die einen gemeinschaftlichen Schenkel haben, und deren Spiralen sich nach verschiedenen Seiten aufrollen.

Ein Felsen auf einer Insel am Kopf dieser Cachoeira trägt die beiden menschlichen Figuren 21 d, e, deren dreieckige Rümpfe eine merkwürdige Mischung von Strich- und Konturenzeichnung aufweisen.

Ort: Tipiáka-Cachoeira. Gestein: Hellgrauer Biotitgneiß, sehr quarzreich, mit brauner Verwitterungsrinde. Diese ausgedehnte Stromschnelle enthält eine große Anzahl der verschiedenartigsten Felsritzungen, von denen die Tafeln 22, 23 und 24 einige der wichtigsten wiedergeben.

Die Fig. 22a, b, die in einer Größe von ca. 1½ m in die schräge Fläche eines Felsens nebeneinander eingegraben sind (Abb. 24), gehören mit Fig. 21g zu den interessantesten Felsbildern, die ich auf meiner Reise gesehen habe. Sie stellen Maskenanzüge dar, wie sie noch heute von einigen Stämmen dieser Gegenden aus weißem Baumbast verfertigt und mit bunten Mustern bemalt bei den dämonischen Totentänzen verwendet werden (Abb. 25 und 26). Während bei Fig. 21g, ähnlich wie bei Fig. 18b und anderen, halbkreisförmige Bogen die Stelle der Arme einnehmen, zeigen die Figuren 22a, b dieselben aufwärtsgebogenen Arme mit den drei Fingern, wie die gewöhnlichen menschlichen Figuren, so daß wir es hier eigentlich

---

[1]) Anfänge der Kunst usw. Tafeln: 58, 59, 60, 62 und Seite 65.

mit Darstellungen von Maskentänzern zu tun haben. Die Beine dürfen fehlen, da sie ja auch in Wirklichkeit zum größten Teil durch den langen Behang aus Baststreifen verdeckt sind, der hier durch vertikale Parallelstriche angedeutet ist. Die Ärmel nebst ihren Bastbehängen sind weggelassen.

Abb. 24. Felszeichnungen der Tipiáka-Cachoeira.
Rio Caiary-Uaupés.

Ein Vergleich mit Originalmasken, die ich bei den Kobéua am oberen Caiary-Uaupés erwarb, gestattet uns, Fig. 22a als „Schmetterling" (Abb. 25) und Fig. 22b als „Urubú" (schwarzen Aasgeier) (Abb. 26) zu deuten. So wurden sie auch von meinen indianischen Begleitern bestimmt. Das charakteristische Abzeichen des ersteren Dämons sind die dreieckigen Flügel, die in Wirklichkeit aus Flechtwerk gearbeitet zu beiden Seiten an den Maskenkopf genäht werden.

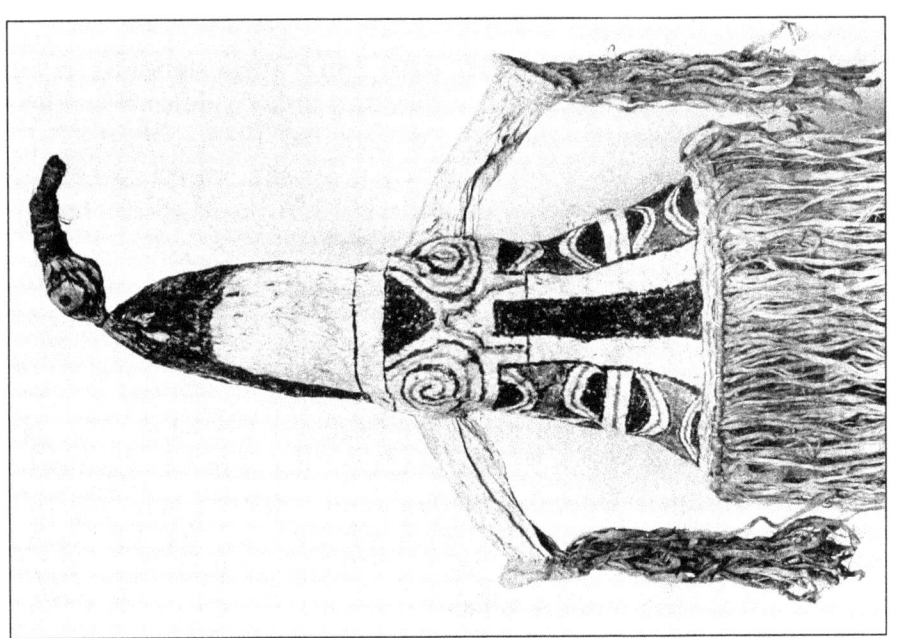

Abb. 26. Urubú (Schwarzer Aasgeier). Tanzmaske der Kobéua.

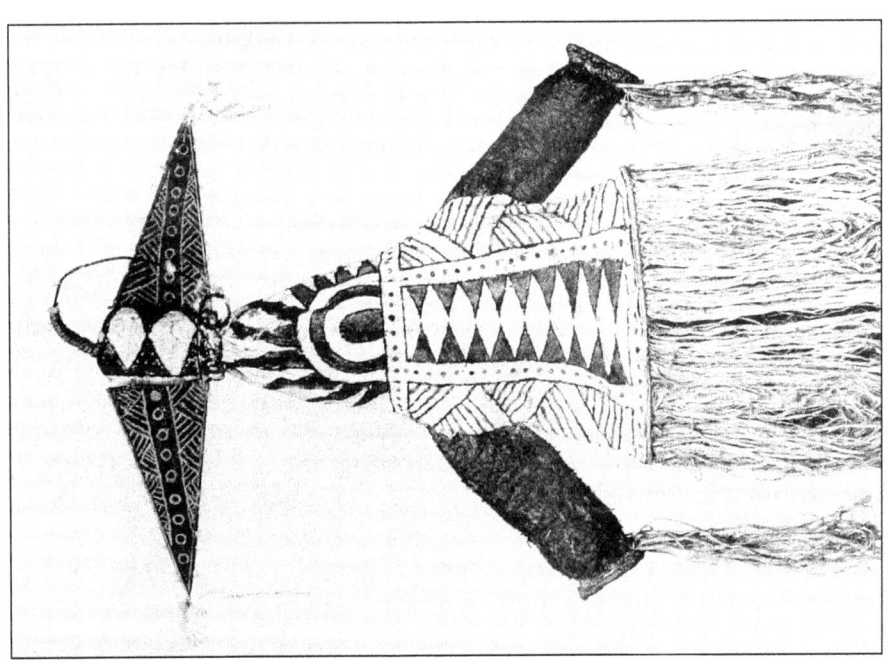

Abb. 25. Schmetterling. Tanzmaske der Kobéua.

Den aus einem Stück Liane gebogenen Rüssel soll vielleicht die unterbrochene Kreislinie vorstellen, die den Kopf des Felsbildes abschließt.

Der „Urubú" ist kenntlich an dem spitz auslaufenden, etwas zur Seite geneigten Kopf dieses Vogeldämons und an den viereckigen Bastlappen, die die Ärmel zieren und nur bei dieser Maske vorkommen. Der in Abb. 26 wiedergegebenen Maske fehlen zwar diese Lappen, doch finden sie sich bei anderen Urubú-Masken meiner Sammlung und können ebenfalls als Charakteristika gelten.

Die Fig. c, d, e der Tafel 22 sind ohne Zweifel unfertige Darstellungen von Masken oder Maskentänzern oder, richtiger gesagt, von Maskenkörpern, die freilich ohne die Fig. a und b derselben Tafel unmöglich zu deuten wären.

Auch in Fig. 24 d, die ich nebst der fidelen männlichen Fig. 24 e frisch eingeritzt auf einem Felsen am Kopf der Tipiáka-Cachoeira im Hafen der dortigen Uanána-Maloka fand, müssen wir das Bild eines Maskentänzers erkennen. Der Kopf ist, wie es bei vielen Masken üblich ist, mit Federn besteckt. Doch ist auch diese Figur unfertig geblieben. Die mittleren Parallelstriche, die den unteren Bastbehang darstellen, fehlen, ebenso die Ornamente des Maskenkörpers und die bei Fig. 22a, b durch runde Grübchen angedeuteten Augenlöcher. Dagegen läuft die untere Abschlußlinie des Maskenkörpers gegen die Regel in abwärts gebogene, dreizehige Beine aus, wie sie die gewöhnlichen menschlichen Darstellungen zeigen.

Stradelli gibt von dieser Cachoeira noch eine Reihe nebeneinander stehender Maskenbilder, die den Fig. 22a, b sehr ähneln. Ich habe sie bei dem damaligen hohen Wasserstande nicht gefunden.

Alle diese Felsbilder haben eine bemerkenswerte Übereinstimmung mit Bleistiftzeichnungen von Maskentänzern, die ich in größerer Anzahl von den Kobéua und Uanána erhielt. In der Abb. 27 gebe ich davon einige Proben. Abb. a ähnelt in ihrer Anlage sehr der Fig. 24 d, während Abb. b mehr mit Fig. 21 g in Beziehung zu setzen ist. Bei den Abb. c und d, die den „Jaguar" und den „Schmetterling" darstellen, ist der Behang der Ärmel mit einigen Strichen angedeutet, und in der Zeichnung des „Urubú" (Abb. e) scheinen die stark verdickten Arme auf die oben erwähnten Bastlappen hinzuweisen.

Durch die sichere Deutung dieser Felsbilder (Fig. 21 g, 22a, b) als Maskendarstellungen erhalten wir mit einem Mal den Schlüssel zu jenen rätselhaften Figuren, die Im Thurn in der Klasse seiner „shallow engravings" zusammengefaßt hat. Auch diese „shallow engravings" sind nichts anderes als Maskenbilder, wie schon eine

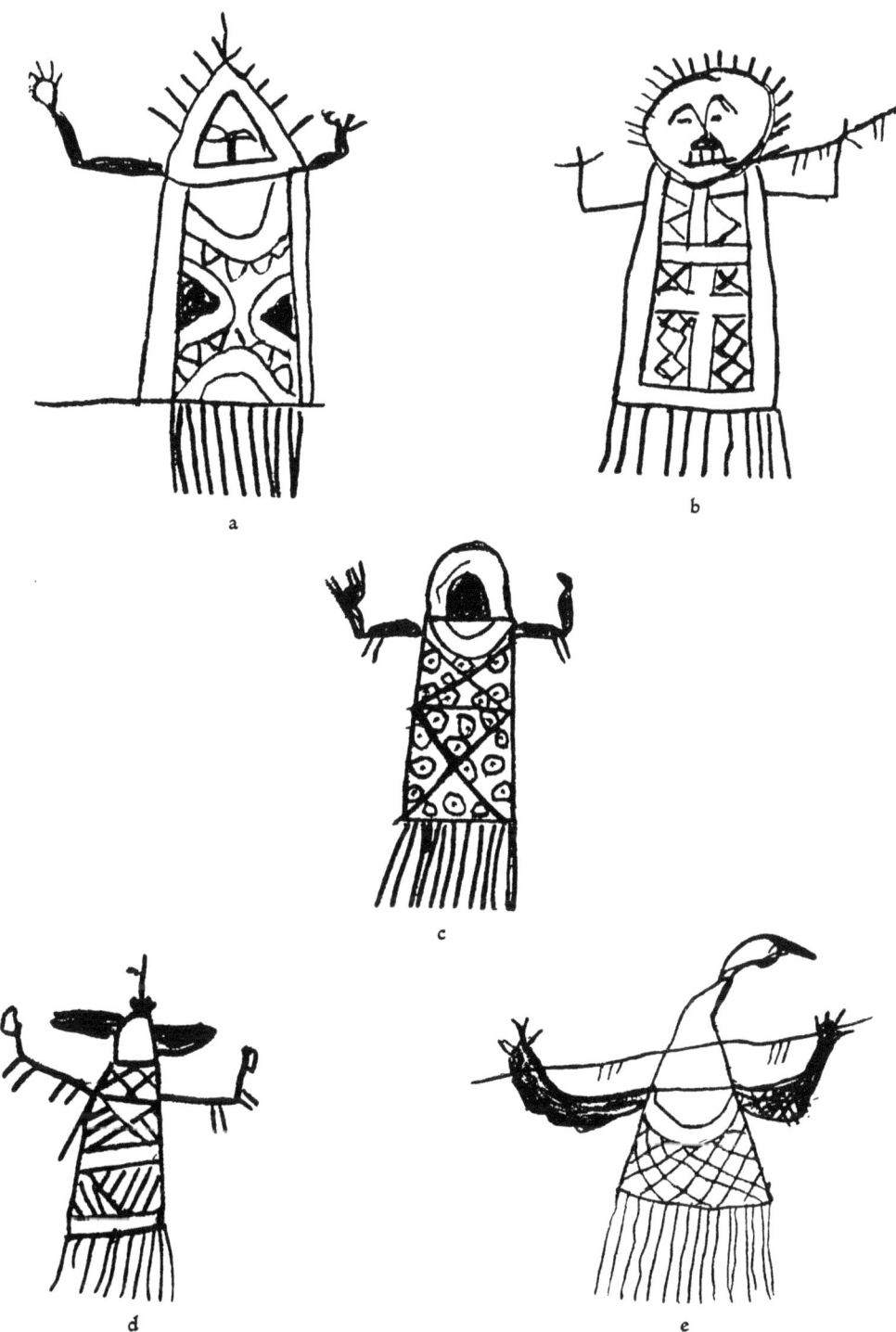

Abb. 27a—e. Bleistiftzeichnungen der Kobéua.
Tanzmasken.
a) Papagei. b) Walddämon. c) Jaguar. d) Schmetterling. e) Aasgeier.

oberflächliche Vergleichung mit den Felsbildern der Tipiáka-Cachoeira und den Bleistiftzeichnungen ergibt. Damit fällt aber auch die ganze Theorie des englischen Reisenden, der in diesen Figuren irgend welche mystischen Zeichen vermutet, eine Art Bilderschrift, da sie an weit entlegenen Orten so übereinstimmend vorkämen, ohne daß ihnen reale Vorbilder zugrunde lägen. Wie wir gesehen haben, sind sie vielmehr auf durchaus reale Vorbilder zurückzuführen; denn wie der Indianer Menschen, Tiere, Gerätschaften, Ornamente u. a. abbildet, ebenso nahe liegt es ihm, auf den Felsen Bilder seiner Masken anzubringen, die gewissermaßen als eine Verkörperung seiner Dämonen für ihn ein so geheimnisvolles Interesse haben.[1]

In Guayana, wo man diese Maskenbilder an vielen Orten findet, kommen derartige Tanzmasken heute nicht vor. Auch von älteren Reisenden werden sie dort nicht erwähnt. Daraus können wir schließen, daß die heutigen Stämme die Maskentänze schon seit geraumer Zeit aufgegeben haben, oder, was wahrscheinlicher ist, daß diese Gegenden früher von anderen Stämmen bewohnt waren, die dann nach Westen wanderten und Masken und Maskentänze mitnahmen.

Auf Seite 59 und 60 gebe ich sämtliche mehr oder weniger ausgeführte Masken-Felsbilder, die bis jetzt in Guayana und den angrenzenden Gebieten nachgewiesen sind.[2] Sie stimmen auch in den Ornamenten, besonders in einer kreuzbandartigen Verzierung des Rumpfes, mit den Masken der heutigen Uaupés-Indianer überein. Bei einigen ist der Kopf wieder dicht mit Federn besteckt. Nur zwei Figuren, Abb. 28 b und 29 a, zeigen die Parallelstriche des unteren Bastbehangs. Die Arme sind durchweg vernachlässigt und bilden im Gegensatz zu den Zeichnungen vom Uaupés eine gerade Linie. Bei Abb. 29 a laufen sie in je drei Finger, bei Abb. 29 c in je einen kleinen Kreis aus.

Auch die Figuren auf Seite 61, Felsbilder von der Insel Guadeloupe, stellen ihrer Gestalt und Ornamentik nach offenbar Maskenanzüge dar.[3]

Es ist nicht unwahrscheinlich, daß alle diese Maskenbilder von höher gesitteten Aruakstämmen herrühren, die in früheren Zeiten wohl ganz Guayana und vor Einfall der Karaiben auch Guadeloupe bevölkerten. Während sie auf dieser Insel von den Eroberern vernichtet oder aufgesogen wurden, wanderten sie, bis auf kleine Überreste, aus Guyana nach Westen und verbreiteten sich über den

---

[1] Vgl. meine Arbeit: Die Maskentänze der Indianer des oberen Rio Negro und Yapurá. Archiv für Anthropologie Bd. IV S. 293—298. Braunschweig 1906.
[2] Charles B. Brown: a. a. O. Taf. XVI—XVIII. Dazu kommt noch das Bild des Temehri-Felsens im unteren Corentyn; vgl. oben S. 15, Abb. 7. O. Coudreau; Voyage au Cuminá p. 85, 176. Paris 1901.
[3] J. Ballet: Les Caraïbes (Guadeloupe). Congrès International des Américanistes. Compte-Rendu de la I. Session. Nancy 1875, p. 394—438 (411). Paris-Nancy 1875.

oberen Rio Negro und seine rechten Nebenflüsse, wo sie noch heute einen großen Teil der indianischen Bevölkerung bilden. Später unterlagen sie am Uaupés größtenteils dem Ansturm niedrig stehender Horden der Betoya-Gruppe, die von Westen und Südwesten her über den Yapurá eindrangen. Unter ihnen nahmen besonders

Abb. 28a—k. Felszeichnungen aus Guayana.[1])
Corentyn: a. Wonotobo-Fall. b. Aratipu-Fall. c. Temehri-Felsen.
Berbice: d—k. Marlissa-Schnellen.

die Kobéua die Kultur und damit die Maskentänze der Besiegten an und haben sie bis auf den heutigen Tag bewahrt; denn es unterliegt kaum einem Zweifel, daß die Maskentänze, wie sie noch jetzt am oberen Caiary-Uaupés ausgeübt werden, die früher dort hausenden Aruakstämme zu Urhebern haben.

[1]) Nach Ch. B. Brown: a. a. O. Pl. XVI—XVIII.

So können uns die Felsbilder vielleicht einen Anhalt geben für die Wanderungen der einzelnen großen Völkergruppen des nördlichen Südamerika.

Doch kehren wir zur Tipiáka-Cachoeira zurück. An der untersten Stufe dieser großen Schnelle findet sich auf einem Felsen am linken Ufer die über 2 m lange, komplizierte Figur 23a. Sie ist offenbar aus einer ganzen Anzahl ursprünglich selbständiger Figuren ornamentalen Charakters zusammengesetzt, deren Linien später miteinander verbunden wurden. Deutlich lassen sich noch folgende Ornamente unterscheiden: Kreise, konzentrische Kreise, Bogenlinien und die Randzacken der „Fledermauszeichnung".

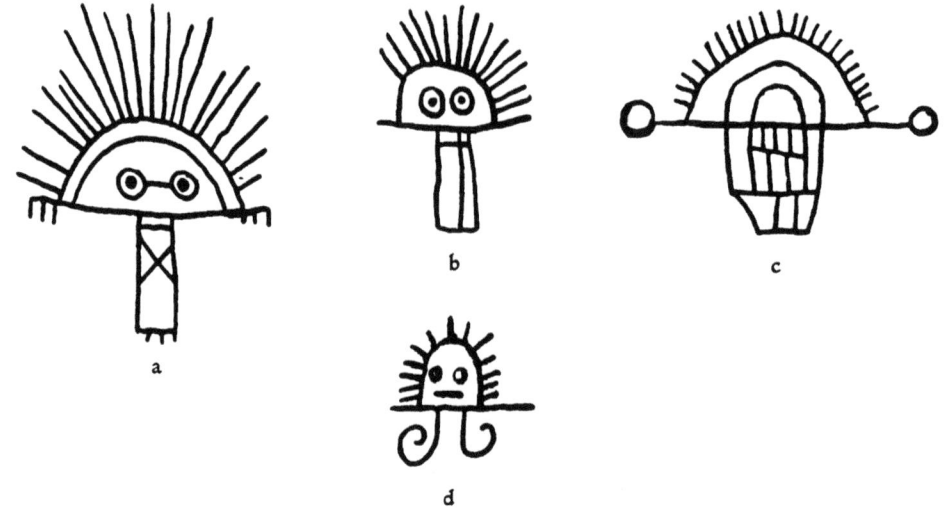

Abb. 29a—d. Felszeichnungen am Rio Cuminá.[1]

Etwas abseits von dieser Komposition auf demselben Felsen bemerkt man einen Kreis neben drei konzentrischen Kreisen, Fig. 23d, die sich in gleicher Ausführung auf einem anderen Felsen wiederholen, Fig. 24c.

Fig. 23b dürfen wir vielleicht analog den Fig. 22c, d, e als die etwas verschobene, unfertige Zeichnung eines Maskenrumpfes ansehen.

Bei der dreilinigen Doppelvolute 23c, der einzigen dieser Art, die ich beobachtet habe, hat der Zeichner aus Platzmangel die äußerste Linie der linken Spirale einfach abgebrochen, während er sie bei der rechten Spirale in die mittlere Linie verlaufen ließ.

---

[1] O. Coudreau: a. a. O. p. 85, 176.

Fig. 24a scheint einen Affen mit langem Schwanz darzustellen. Das Streifenmuster des Rumpfes ist wohl durch die nahebei befindlichen Fig. 22c, d veranlaßt. Der menschlichen Fig. 24b fehlen die Zehen, während die Arme, wie sämtliche Extremitäten der „Affenfigur", in je drei Finger auslaufen. Eine vertikale Linie teilt Kopf und Rumpf in zwei gleiche Teile. Der Kopf wird außerdem noch durch die Verbindungslinie der Arme horizontal durchschnitten und

Abb. 30a—h. Felszeichnungen auf der Insel Guadeloupe.

trägt einen halbmondförmigen Schmuck, dem wir ähnlich bereits bei den Fig. 13b, 16k, l, m begegnet sind. Dieser Kopfschmuck ist, ebenso wie die großen runden Augen und die merkwürdigen dreieckigen Ohren, flach aus dem Felsen herausgearbeitet.

Ort: Tukunaré-Cachoeira. Auch diese Stromschnelle hat Bilderfelsen, die jedoch bei meinem Besuch unter Wasser waren.

Ort: Taiasú-Cachoeira. Oberhalb der Stromschnelle ragt links ein mächtiger Felsen aus dem Wasser empor, den die Indianer

„Tapir" nennen, weil auf ihm angeblich die Figur dieses Dickhäuters eingeritzt ist.

Ort: Uarakapury-Cachoeira. Gestein: Hellrötlicher, grobkörniger Granit. Auf einem hohen Felsen finden sich neben zwei über 1 m langen, im wesentlichen gleichen menschlichen Figuren, 25a, die Buchstaben M R und die Jahreszahl 1891 eingeritzt. Maximiano Roberto, der Begleiter Stradelli's auf dessen zweiter Uaupés-Reise im Jahre 1891, hat sich hier verewigt. Die Indianer haben Namenszug und Datum, wie man an deutlichen Spuren erkennt, bis heute getreulich nachgezogen, so daß die Rillen trotz der verhältnismäßig kurzen Zeit schon stark vertieft sind.

An den beiden menschlichen Figuren, 25a, sind der eigenartige Kopfputz und die großen Ohren hervorzuheben. Zwei runde Grübchen zeigen wiederum die Augen, ein Strich darunter den Mund an.

5. Rio Cuduiary.

Die Stromschnellen des Cuduiary, eines linken Nebenflusses des oberen Caiary-Uaupés, sind reich an wohlausgeführten Felsritzungen, unter denen besonders große menschenähnliche Figuren bemerkenswert erscheinen.

Ort: Aï-Cachoeira (Faultier-Schnelle). An der hochragenden Felswand des linken Ufers findet sich Fig. 26f, die offenbar als menschliche Darstellung angelegt wurde, von den heutigen Indianern aber ohne irgend eine tiefere Berechtigung als „Faultier" gedeutet wird. Auffallend sind die doppellinigen Konturen des Rumpfes. Der flach vertiefte Penis ist am Leib hochgeschlagen, wie man es auch an Bleistiftzeichnungen der Indianer beobachten kann.[1]) Die Verbindungslinie der Beine schneidet das Scrotum vom Rumpfe ab. Kopf und Arme sind offenbar später vielfach falsch ergänzt und spielend verzeichnet worden.

Derselbe Felsen trägt die menschliche Figur 26e mit dem merkwürdigen eckigen Kopf. Das Gesicht ist gezeichnet wie bei den Masken. Die Augenbrauen gehen ineinander über und bilden dadurch die Nase, die den Querstrich des Mundes berührt. Arme und Beine sitzen dem Rumpf an, ohne ihn zu schneiden, wie man es sonst fast durchgängig findet.

Den beiden gegeneinander gestellten, geradschenkeligen Doppelvoluten 26d sind wir bereits am Aiary begegnet, Fig. 2g.[2]) Neben diesen drei Figuren sieht man zahlreiche teils länglich-spitze, teils flach-runde Steinaxtschliffe.

---

[1]) Anfänge der Kunst usw. Fig. 41f, g, 47a, 49b.
[2]) Vgl. auch oben Fig. 6g.

Ort: Itapinima-Cachoeira. Diese Stromschnelle führt ihren Namen nach einem großen, auf der vertikalen Fläche ganz mit Ritzungen bedeckten Felsen, dem „Ita-pinima" (bemalten Stein) (Abb. 31). Neben sinnlosen Kritzeleien erkennen wir die schon mehrfach erwähnten Zackenmuster der „Fledermauszeichnung", einfache und doppelte ineinander geschachtelte.

Auf einem anderen Felsen sind zwei menschliche Figuren 25c, d eingeritzt. Der ersteren Figur fehlen nicht nur die Zehen, sondern

Abb. 31. Felszeichnung der Itapinima-Cachoeira. Rio Cuduiary.

auch die Unterarme. Die durch den Rumpf verlaufende Linie der Oberarme wird an den Enden von je einem kurzen Strich gekreuzt, so daß der Anschein erweckt wird, als wenn die gerade ausgereckten Arme in je drei Finger ausliefen. Kopf und Rumpf werden wie bei Fig. 24b durch eine vertikale Linie in zwei gleiche Teile geteilt. Sie endet oben in einem runden Grübchen, das dem Kopf aufsitzt, und bildet unten in ihrer Verlängerung den Penis.

Die menschliche Figur 25d zeichnet sich durch eine besonders sorgfältige Behandlung des Gesichtes aus, das in seiner Darstellung von allem bisher Beobachteten gänzlich abweicht. Drei Striche, die oben vom Kopfe strahlenförmig ausgehen, deuten offenbar Federschmuck an. Ungewöhnlich ist auch die Aufwärtsstellung der Unterschenkel, die jedoch auch bei Bleistiftzeichnungen der Indianer vorkommt.[1] Die Stelle der Hände vertritt je ein rundes

---

[1] Anfänge der Kunst im Urwald. Fig. 41a, 49b.

Grübchen, ähnlich wie bei den Fig. 12i, 13a und 16h, m. Der durch leichte Einknicke und die Verbindungslinie der Beine abgetrennte untere Teil des Rumpfes ist wohl, wie in Fig. 26 f, als Scrotum aufzufassen. Die Musterung des Rumpfes, eine oben sich teilende Mittellinie, findet sich ähnlich bei den Fig. 25a und 26 e.[1])

Auch diese Cachoeira weist zahlreiche Steinbeilschliffe beider Art auf.

Als ich einen meiner indianischen Begleiter, einen sehr intelligenten Kobéua, frug, wer alle diese Zeichen und Zeichnungen gemacht habe, gab er mir die vernünftige Antwort: „Vor alter Zeit haben es die Leute mit Stein getan!"

Ort: **Kulidibo**[2]) (Stein des Sorubim-Fisches). Ein Felsen zeigt Fig. 25e dreifach wiederholt in vollständig gleicher Ausführung nebeneinander: zwei gegeneinander gestellte Doppelvoluten.

Ort: **Tukáno-Cachoeira**. Gestein: Hellrötlicher grobkörniger Granit. In Fig. 25b sehen die Indianer, veranlaßt durch den Namen dieser Stromschnelle, einen Tukano.[3]) Ein Teil der Figur ist mit dem Gestein abgebrochen. Was die Figur ursprünglich vorstellte, oder ob überhaupt eine bestimmte Bedeutung beabsichtigt war, läßt sich nicht feststellen. Jedenfalls gehört schon die Phantasie eines Indianers dazu, in diesen Zeichen das Abbild eines Vogels zu erkennen. Die Figur besteht aus mehreren Teilen, die untereinander in keinem Zusammenhang stehen; ursprünglich vielleicht einfachen Ornamenten, die, durch spätere Zusätze ergänzt, heute den Eindruck einer menschenähnlichen Darstellung erwecken.

Ort: **Ipéka-Cachoeira** (Enten-Stromschnelle). Gestein: Rötlicher Pegmatit (Schriftgranit). Im Vorüberfahren entdeckte ich einige Felsritzungen, unter ihnen wiederum Fig. 26d.

Ort: **Púpuitukúe**. Diese Stromschnelle enthält zahlreiche Felsritzungen, die meisten schon sehr verwittert und undeutlich. Wohlerhalten sind die Figuren 26a, b, c, eine Doppelvolute mit stark geschweiftem Schenkel und zwei menschliche Darstellungen. Bemerkenswert ist der eckige Rumpf der Fig. c, der fast ein Rhomboid bildet. Den enormen Geschlechtsteilen nach zu urteilen, die in auffallendem Mißverhältnis zu dem übrigen Körper stehen, scheint Fig. a den **Popäli** darzustellen, einen der zahlreichen bösen Dämonen der Kobéua, der sich durch einen ungeheuren Penis auszeichnet. Schon die durch unverhältnismäßig große Grübchen hervorgerufenen Glotzaugen geben der Figur etwas Unheimliches.

---

[1]) Vgl. auch die Figur des Kóai auf Tafel 5.
[2]) In der Kobéuasprache.
[3]) „Pfefferfresser"-Vogel: Rhamphastus.

6. Rio Tiquié.

Dieser größte rechte Nebenfluß des Caiary-Uaupés ist arm an Felsritzungen, die außerdem noch von einer gewissen Einförmigkeit sind.

Abb. 32. Pary-Cachoeira. Rio Tiquié.

Ort: Pary-Cachoeira. Tafel 27: Auf mehreren Felsen sieht man ein mit geringen Abweichungen immer wiederkehrendes Ornament, Fig. g, h. i: parallele Bogenlinien, ähnlich den Figuren 21f, 20b und anderen¹) (Abb. 32).

Wenige Stunden unterhalb Pary-Cachoeira bemerkte ich auf der schroff abfallenden rechten Uferwand aus hartem gelbem Lehm mehrere Figuren frisch eingeritzt, unter ihnen die fast lebensgroße Darstellung eines Mannes in vollem Tanzschmuck: Federkrone auf dem Haupt, reichen Schmuck um den Hals und den mit Tierzähnen behängten Gürtel um die Lenden. Die Figuren rührten, wie mir meine Ruderer erklärten, von den Tukano-Indianern der nahen Pary-Cachoeira her.

Ort: Karurú-Cachoeira. Gestein: Grauer Gneiß. Zwei Felsen am linken Ufer dieses imposanten Kataraktes tragen die Figuren 27a—f. Außer parallelen Bogen, geraden Strichen und Wellenlinien, c, d, und zwei Spiralen, deren Mittelpunkte Grübchen bilden, e, f, sehen wir in a offenbar die Darstellung eines langgeschwänzten Affen. Kopf und Rumpf zeigen in der Mitte je ein Grübchen. Die Füße hat man später durch Verlängerung je einer Zehe mit einander verbunden. Fig. b ist anscheinend eine mißratene und unfertige Wiederholung der eben beschriebenen Fig. a. Auf einer Felsinsel inmitten der Cachoeira, zu der ich wegen des hohen Wasserstandes damals nicht gelangen konnte, sollen sich nach Aussage meiner Indianer noch weitere Bilderfelsen befinden.

7. Rio Curicuriary.

Die Ufer dieses rechten Nebenflusses des Rio Negro sind bis auf streifende Makú und einige erst neuerdings vom Caiary-Uaupés eingewanderte Tukanofamilien unbewohnt. Der Fluß hat nur wenige harmlosere Stromschnellen, in denen ich keine alten Felsritzungen gefunden habe.

Ort: Kayú-Cachoeira. Die Fig. 28 a—d waren, offenbar mit einem spitzen Stein, frisch auf einen Felsen geritzt und nur wenige Tage alt. Fig. a, b sind unverkennbare Darstellungen von Affen mit langen Schwänzen. Bei der sehr primitiven menschenähnlichen Fig. c werden die Beine, ähnlich wie bei Fig. 19a, durch die Verlängerung der sich kreuzenden Abschlußlinien des Rumpfes gebildet. Die Arme mit je drei Fingern stehen gerade vom Körper ab, ohne ihn zu schneiden. Die Basis der in ihrer Gesamtheit unerklärlichen Fig. d. bildet eine Doppelvolute mit geradem Schenkel.

---

¹) Sie ähneln sehr den angeblichen „Schriftzeichen," die Keller-Leuzinger am Ribeirão-Falle des Rio Madeira entdeckte. Vgl. Vom Amazonas und Madeira. S. 48.

8. Pirá-Parana.

Der Pirá-paraná gehört zum Flußgebiet des gewaltigen Yapurá, in dessen größten Nebenfluß Apaporis er von links her mündet.

In einer seiner Stromschnellen (Gestein: Hellrötlicher Granit.) fand ich die anscheinend schon sehr alten, aber größtenteils wohlerhaltenen Felsritzungen, die Tafel 29 wiedergibt. Es sind konzentrische Kreise von so exakter Ausführung, als wenn sie mit dem Zirkel gezogen wären, c, d, e,[1]) ein dreieckiges menschliches Gesicht mit paralleler Umrahmung, a, das mit 6b eine große Ähnlichkeit hat, und endlich die langgestreckte Fig. b, die zu den sonderbarsten und anmutigsten Felsbildern gehört, denen ich auf meiner Reise begegnet bin. Auch über sie läßt sich nichts Bestimmtes sagen. Sie macht den Eindruck einer künstlerisch stilisierten Darstellung eines fliegenden Insektes, ist aber vielleicht wiederum nur eine zufällige Anordnung ornamentaler Linien, in die man durch spätere Zusätze und Ergänzungen eine Bedeutung hineinlegte.

In der schon stark verwitterten Fig. f scheinen sich Einzelheiten der Fig. b in unvollkommener Ausführung zu wiederholen.

---

[1]) Vier weitere konzentrische Kreisfiguren, wie Fig. d, e, finden sich auf der anderen Seite desselben Felsens.

III.

„Nur ungerne verzichtet man bei Forschungen über einen früher gebildeteren Zustand des südamerikanischen Festlandes auf die Berücksichtigung von Dokumenten, deren hohes Alter sich kaum ableugnen läßt; und es würde unendlich reizender sein, in den Skulpturen von Cupati und Arara-Coara Zeugen eines Götterdienstes und einer entwickelten Mythologie, als lediglich die Überbleibsel aus einer der Gegenwart in Rohheit und kindischer Einfalt gleichen Zeitperiode erblicken zu dürfen. Allein, schon der erste Anblick dieser grotesken Figuren weist jede höhere symbolische Bedeutung von ihnen ab; und ich bin vollkommen überzeugt, daß sie von Indianern herrühren, die an Sinnesart und Bildung mit ihren gegenwärtigen, vielleicht späten, Nachkommen gänzlich übereinstimmen."[1]

Voll und ganz möchte ich mich den Worten des verdienstvollen Reisenden anschließen, denn, so sehr verlockend es wäre, tiefgründige Betrachtungen anzustellen und geistreiche Schlüsse zu ziehen aus diesen oft so rätselhaften Felsbildern, so bin ich doch während meines zweijährigen Lebens unter und mit den Indianern zu der Überzeugung gelangt, daß es sich lediglich um spielende Äußerungen eines naiven Kunstempfindens handelt, und selten oder niemals den Bildern ursprünglich eine tiefere Bedeutung innewohnte.

Im folgenden will ich versuchen, mit Hilfe meiner Beobachtungen, die ich im zweiten Teil dieser Studie niedergelegt habe, mein Urteil ausführlicher zu begründen.

Nur wenige Forscher neigen einer einfachen Erklärung der Felsbilder zu, ja Martius selbst hat sich später, wie wir gesehen haben, damit nicht begnügt, sondern ihrer Entstehung gewisse religiöse Motive zu Grunde gelegt.

Fast allgemein werden diese Zeichen als eine Art Bilderschrift angesehen, ohne daß in den meisten Fällen auch nur der Versuch gemacht würde, diese Behauptung zu beweisen. Der Beweis wäre auch unmöglich, da sich bei keinem südamerikanischen Naturvolk eine Bilderschrift findet. Gänzlich ausgeschlossen ist es ferner, daß vor Ankunft der Europäer eine Bilderschrift bestanden hat, die infolge der großen Umwälzungen erlosch; denn die älteren zuverlässigen Zeugnisse erwähnen nichts davon, und auch bei solchen Stämmen, die fern von europäischem Einfluß bis auf die heutige Zeit in präkolumbischem Zustand leben, fehlt jede Spur eines schriftartigen Verständigungsmittels.

---

[1] Martius: Reise. III. 1284.

Wohl kann man sagen: ihr Zeichnen ist ein mitteilendes, d. h. ein beschreibendes. Der Naturmensch zeichnet z. B. ein Tier in seinen einzelnen Teilen und hebt das Charakteristische stark hervor, so wie er es etwa mit Worten beschreiben würde.[1]) Aber man darf nicht behaupten: der Naturmensch zeichnet, um eine Mitteilung zu machen. Sonst gerät man zu leicht in den Fehler der Verallgemeinerung und ist geneigt, alle konkreten Darstellungen als Mitteilungen aufzufassen.

Ich will zugeben, daß Mitteilungen durch Zeichnen vorkommen, daß, wo die Sprache fehlt, die zeichnende Geberde und weiterhin, um recht deutlich zu werden, wirkliches Zeichnen zu Hilfe genommen wird. Aber diese letzteren Fälle sind äußerst selten. Während meines langen Aufenthaltes unter den Indianern habe ich nur zweimal Zeichnen als Hilfsmittel der Sprache beobachtet, und da waren es eine Land- und eine Himmelskarte, die man mir auf mein ausdrückliches Verlangen zum besseren Verständnis in den Sand zeichnete. So oft ich Zeuge war bei dem Verkehr zwischen Stämmen verschiedener Sprache, die sich bisweilen nur mühsam verständigen konnten, nie sah ich, daß man dabei zum Zeichnen seine Zuflucht nahm; und die Indianer haben sich gewöhnlich sehr viel zu erzählen. Schon Martius sagt: „Bei allen den zahlreichen Indianerstämmen, welche ich in Brasilien kennen zu lernen Gelegenheit hatte, ist keine Spur einer Schrift aufzufinden. Auch wird die Sprache bei ihnen durch kein körperliches Zeichen vermittelt, das sie allmählich auf eine Art von Schrift hinleiten könnte."[2])

Die Seltenheit des Zeichnens als Verständigungsmittel schließt also ohne weiteres aus, daß die Felsritzungen, die an bestimmten Orten so regelmäßig und in so großer Anzahl wiederkehren, diesem Zweck gedient haben. Dazu kommen noch andere Momente, die gegen diese Annahme sprechen: die bunte Regellosigkeit, in der die Bilder über die Fläche zerstreut sind, und ihr häufig fragmentarischer Charakter, worüber weiter unten noch gehandelt werden soll.

Wohl bedient sich auch der Indianer gewisser Zeichen, die einen praktischen mitteilenden Zweck haben, aber sie sind sehr primitiver Art, wie eingeknickte Zweige, Fanale und dergleichen. Selbst wenn man die Möglichkeit zugeben wollte, daß ein Jäger oder Krieger, um seinen nachfolgenden Stammesgenossen ein Zeichen zu geben, die Felsfläche dazu als Tafel nahm, so würde dies doch nicht zu dem kühnen Schluß berechtigen, die meisten Bilderfelsen als eine Art „Dokumente" aufzufassen, als „Erinnerungstafeln" an bemerkenswerte Ereignisse, an Kämpfe, Bootsuntergänge, Stammes-

---
[1]) Vgl. Anfänge der Kunst im Urwald, an vielen Stellen.
[2]) Martius: Reise. II. 752 Note (5).

feste, wie es einzelne Forscher noch bis in die neueste Zeit getan haben.[1]) Das heißt entschieden die Sache „durch die Kulturbrille anschauen", denn es widerspricht gänzlich der Natur des Indianers. Er ist ein Kind des Augenblicks, hat nur für die Gegenwart Interesse, für das Wohlergehen seiner eigenen Person und seiner nächsten Verwandten, und gewissermaßen für die Vergangenheit, die Taten seiner Vorfahren, die er durch seine Stammeslegenden kennt. Alles, was nach ihm kommt, kümmert ihn nicht, und es liegt ihm fern, für nachkommende Geschlechter „Dokumente" zu hinterlassen.

So ist es mit der Erinnerung an Kämpfe. Wer die Kampfesweise der Indianer kennt, die sich meistens auf Überfälle aus dem Hinterhalt auf die nichtsahnende Gegenpartei beschränkt, wobei die Männer niedergemetzelt, die Weiber und Kinder als Gefangene mitgeschleppt werden, der weiß, daß die Sieger nicht mehr lange an dem Ort ihrer Taten verweilen, sondern sich möglichst bald aus dem Staube machen, um der Rache der Überlebenden und auch der Rache der Totengeister zu entgehen. Wenn sie es wirklich wollten, sie haben gar keine Zeit dazu, diese Tat für die Nachkommen an Ort und Stelle „aufzuzeichnen". Sie lebt weiter in den Legenden, die sich durch mündliche Überlieferung vom Vater auf den Sohn vererben.

Und nun gar bei einem Bootsuntergang in den Stromschnellen, bei dem mehrere Genossen das Leben verlieren; auch da verlassen die Überlebenden in aller Eile die Stätte des Unglücks, um dem Dämon zu entgehen, der den Tod der Stammesbrüder herbeigeführt hat, und setzen sich nicht noch stundenlang hin und „verzeichnen" das Unglück auf die Felsen, allen denen zur Kenntnis und Warnung, die später hier vorüberkommen. Das erinnert doch zu sehr an die „Marterln" im Hochgebirge!

Ebenso wenig entspricht es der Natur des Indianers, die Erinnerung an Stammesfeste, die doch Jahr aus Jahr ein mit geringen Variationen wiederkehren, in Felsbildern der staunenden Nachwelt zu hinterlassen. Selbst Darstellungen von Masken und Maskentänzern beweisen nichts. Die Möglichkeit oder Wahrscheinlichkeit liegt vor, daß der Zeichner gerade von einem Maskentanzfest kam und nun die Objekte, die noch sein ganzes Denken erfüllten, halb spielend halb bewußt auf die Felsen kritzelte. Masken zu zeichnen, mußte er besonders noch dadurch angeregt werden, daß die Masken bei jedem Tanzfest zu Ehren eines Verstorbenen neu verfertigt werden, und daß diese Arbeit und die Handführung des Pinselstäbchens beim Bemalen der Bastanzüge ihn mit dem Gegenstand vertraut machten.

---

[1]) Vgl. besonders: Im Thurn: a. a. O. S. 407.

Auch die Deutung mancher Felsbilder als Grenzmarken[1]) halte ich für eine auf unserem Kulturstandpunkt basierende Auffassung.

Die Grenzen zwischen den Gebieten der einzelnen Stämme sind stets natürliche, Nebenflüsse, Wasserscheiden und dergleichen.[2]) Sie sind dem Indianer so vertraut, daß es einer besonderen „Markierung" nicht bedarf. So ist es heute, und so wird es auch in früheren Zeiten gewesen sein.

Nicht selten werden die Felsbilder, wie wir gesehen haben, mit Stammesmythen in Beziehung gebracht, und auch dieser Umstand hat einzelne Forscher bewogen, ihnen eine tiefere Bedeutung unterzulegen. Weit eher können wir jedoch annehmen, daß diese Beziehung erst das Produkt späterer Erwägung ist. Denn die Indianer weisen allen Ereignissen, die weiter zurückliegen, einen Platz in ihren Mythen und Legenden an. So sind die Wanderungen und die Kämpfe der Kobéua mit anderen Stämmen in ihrer Mythologie nur rasch aufeinander folgende Taten ihres Stammesheros Hemänihike.[3]) Keri, der „Großvater der Bakaïri", hat seinen Kindern nicht nur die Sonne, den Mond und das Feuer verschafft, er hat ihnen auch die Hängematte, Fischreusen und andere Gerätschaften und die Kulturpflanzen, Mandioka, Tabak und Baumwolle, gegeben.[4]) Da darf es nicht Wunder nehmen, wenn die Indianer auch Felsbilder, die auf ein verhältnismäßig hohes Alter zurückblicken, die bereits ihren Vätern und Großvätern als Denkmäler der Vergangenheit bekannt waren, dem Kulturheros zuschreiben.[5])

Schon bloße Naturspiele bringen sie mit Mythen in Verbindung. Martius berichtet von Sagen unter den Indianern des östlichen Brasiliens, die an angebliche menschliche Fußtapfen in Felsen anknüpfen. „Der erste Kulturheros dieses Volkes, Tsomé oder Tzumé, soll sie, ehe er von ihm schied, eingedrückt haben, so z. B. in der Provinz S. Paulo auf der Praya de Embaré zwischen Santos und S. Vicente, auf hohen Kuppen der Serra do Mar in Espiritu Santo und Bahia, bei Gorjahu, sieben Legoas von Recife in Pernambuco. Ein analoges Naturspiel, die Eindrücke darstellend, als sei ein Mensch von dem einen Granitfelsen bei Waraputa am Essequibo zum andern gesprungen, wird von den dortigen Indianern für die Spur des großen Geistes erklärt, die er ihren Vorvätern zurückgelassen habe."[6]) Am

---

[1]) Ehrenreich: a. a. O. S. 48.
[2]) Vgl. dazu auch: K. v. d. Steinen: Unter den Naturvölkern Zentral-Brasiliens. S. 330. Berlin 1894.
[3]) Nach Mythen, die ich bei den Kobéua im Urtext aufzeichnete.
[4]) K. v. d. Steinen: Unter den Naturvölkern etc. S. 372 ff. Die Bakaïri-Sprache. S. 209 ff. Leipzig 1892. Vgl. auch: P. Ehrenreich: Die Mythen und Legenden der Südamerikanischen Urvölker. S. 55 ff. Berlin 1905.
[5]) Das Tupiwort „tupána", mit dem die Missionare in der „lingoa geral" „Gott" bezeichneten, gebrauchen manche Stämme im Verkehr mit den Europäern, wenn sie von ihrem Stammesheros sprechen.
[6]) Martius: Beiträge etc. I. 575/576.

mittleren Caiary-Uaupés fand ich auf einem Felsen einer kleinen Stromschnelle eine natürliche Vertiefung, die eine auffallende Ähnlichkeit mit einer menschlichen Fußtapfe hatte. „Yaperikuli, der Stammesheros der Tariána, so erzählten mir meine Ruderer, habe diese Spur in das harte Gestein getreten". Am oberen Aiary ragt ein mächtiger Felsen mitten aus der Strömung auf. In alter Zeit habe hier ein riesiger Jaguar den Fluß passiert, indem er vom rechten Ufer mit einem Satz auf den Felsen und mit einem zweiten Satz von da an das andere Ufer sprang. Noch jetzt zeigt man auf dem Stein die Spuren der Jaguarkrallen. In einigen Felsen der Yurupary-Cachoeira in demselben Fluß sind lange runde Gänge, offenbar im Laufe der Zeit durch das heftig strömende Wasser, ausgehöhlt. Vor vielen vielen Jahren sei hier ein Ungeheuer hindurchgekrochen und habe das Gestein herausgebissen. In einem Loch, das neben diesem Gang tief in den Felsen hineingeht, sei es dann verschwunden.[1]) Auf einem flachen Felsen nahe der Yurupary-Cachoeira, dem obersten gewaltigen Katarakt des Caiary-Uaupés, zeigten mir die Indianer eine Menge Vertiefungen, anscheinend vom Wasser ausgespült, die in der Tat menschlichen Fußspuren ähnelten. Sie rührten angeblich von den Káua-Indianern her, die in alter Zeit dort gewohnt hätten.

So läßt der Indianer überall seine rege Phantasie spielen. Von jeder Stromschnelle weiß er eine Geschichte, in jedem sonderbar geformten Felsen sieht er Gestalten seiner Jagdtiere oder seiner Dämonen. Auch ist er nie in Verlegenheit, einem ihm neuen Gegenstande einen mehr oder weniger bezeichnenden Namen zu geben, der häufig nur von einer sehr vagen Ähnlichkeit in der Form genommen ist. Jeder Reisende wird mir dies bestätigen. Ein charakteristisches Beispiel, — um hier nur eins von vielen anzuführen —, erzählt Robert Schomburgk von seinen Makusí. Sie nannten die Bratpfanne des Reisenden, deren Gestalt sie an einen Stachelrochen erinnerte, Sipari.[2])

Daher ist auch den Deutungen der Felsbilder durch die heutigen Indianer kein großer Wert beizulegen. Im zweiten Teil dieser Arbeit habe ich öfters darauf hingewiesen, wie willkürlich diese Deutungen meistens sind, und von welchen Zufälligkeiten sie häufig abhängen. Ich erinnere nur an die „Affenfigur" in der Yurupary-Cachoeira des Aiary, die ihre Entstehung einer natürlichen Absplitterung der Felsoberfläche verdankt,[3]) an die aus elementaren Grundformen zusammengesetzten Figuren der „Krabben" und der „Gürteltierschale" am unteren Içána[4]) und des „Arara" in der Yauareté-Cachoeira

---

[1]) Vgl. meine Aufsätze: Kreuz und quer durch Nordwestbrasilien. Globus Bd. 90 S. 262, 265. Braunschweig 1906.
[2]) Robert Schomburgk: a. a. O. S. 139.
[3]) Siehe oben Seite 45.
[4]) Siehe oben Seite 39—40.

des mittleren Caiary-Uaupés.¹) Alle diese Figuren sind erst allmählich entstanden, und der Sinn ist später hineingesehen worden.

Auch der Kopf des Dämons der Yurupary-Cachoeira²) läßt sich in wenige Grundformen zerlegen, ebenso die angebliche „Tukano"-Figur in der gleichnamigen Stromschnelle des Cuduiary,³) die aus einzelnen unzusammenhängenden Teilen besteht und überhaupt kein lebendes Wesen darzustellen scheint. In den beiden letzteren Fällen hat die uralte Ortsbezeichnung offenbar erst die Veranlassung zu der Benennung des Felsbildes gegeben.

In der Yakaré-Cachoeira des oberen Aiary war die Oberfläche eines Felsens von unregelmäßigen Furchen zerrissen, so daß sie die höckerige Haut eines Alligators vortäuschte und von den Indianern deshalb auch Yakaré-piréra (Alligator-Haut) genannt wurde. Bei näherer Untersuchung fand ich jedoch, daß dieses angebliche Kunstprodukt, das meine Leute den schönen Felszeichnungen dieser Stromschnelle vollständig gleichstellten, der natürlichen Einwirkung des Wassers zuzuschreiben war; ein deutlicher Beweis, wie gering das Urteil des Indianers in dieser Frage anzuschlagen ist.

Mit Recht sagt Martius von den Felsbildern: „Sie sind Monumente kindlicher Einfalt und mittelloser Unbeholfenheit. Obgleich sie aber dem Bildungsgrad der Gegenwart entsprechen, weiß doch der Indianer nichts über sie auszusagen."⁴)

Außer Martius haben auch die Brüder Schomburgk und Jules Crevaux auf die Übereinstimmung hingewiesen, die zwischen den Felsbildern und der Malerei der heutigen Indianer besteht.⁵) Hier wie dort treffen wir dieselben Muster, dieselben kindlich-naiven Figuren von Menschen und Tieren. (Abb. 33—36). Auch die Zeichnungen, mit denen die Indianer

Abb. 33. Wassertopf der Siusi mit aufgemalter menschlicher Figur.

---

¹) Siehe oben Seite 48.
²) Siehe oben Seite 43.
³) Siehe oben Seite 64.
⁴) Martius: Beiträge I. 576.
⁵) Siehe oben Seite 12, 18, 23. Im Thurn erwähnt einen Steinkelt aus Britisch-Guayana, der sich in der Sammlung Christy in London findet und auf seiner Oberfläche Zeichnungen trägt, die an die Körperbemalung der Indianer erinnern. a. a. O. S. 392.

meine Skizzenbücher füllten, stehen auf derselben primitiven Stufe. Nichts berechtigt uns daher, diese Felsbilder einer jetzt erloschenen, höheren Kultur zuzuschreiben. Sie bestätigen „nur die, auch aus vielen anderen Zuständen abzuleitende Ansicht, daß der Kulturgang dieser Indianer sich schon durch viele Generationen im Kreise bewegt."[1]) Daher erscheint es gleichgültig, ob sie von den direkten Vorfahren der heute dort wohnenden Indianer herrühren, oder ob jene die Felsbilder schon vorfanden, als sie sich in diesen Gegenden niederließen.

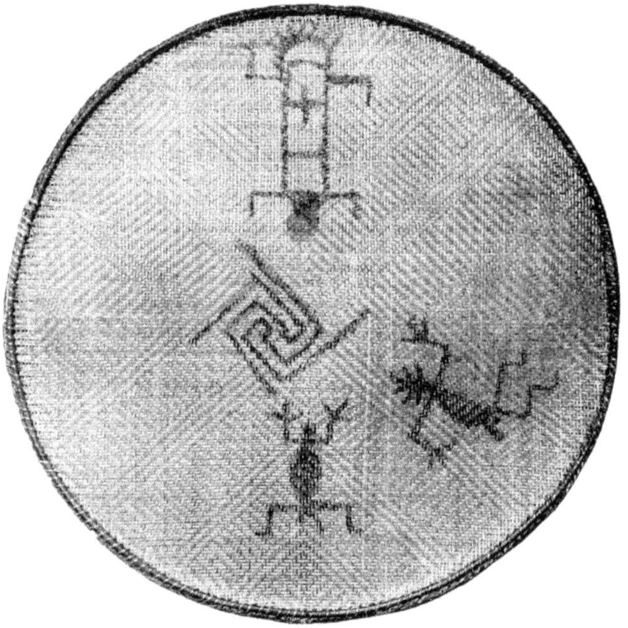

Die Übereinstimmung zwischen diesen alten und modernen Kunstäußerungen spricht schon gegen die Auffassung, daß die Felsbilder der Mitteilung gedient hätten. Mit demselben Recht könnten wir auch alle Kohlezeichnungen, die sich so zahlreich auf den Rindenwänden der Indianerhäuser finden, alle gemalten und geschnitzten Figuren auf ihren Waffen und Gerätschaften, ja selbst die Muster ihrer Körperbemalung für eine Art „Bilderschrift" halten, da sie sich in nichts von den Felsbildern unterscheiden.

Abb. 34. Mandioka-Sieb der Siusí mit aufgemalten Figuren.

Auch Sandzeichnungen braucht man nicht so ohne weiteres als bewußte Mitteilungen aufzufassen, selbst wenn sie Fische darstellen, die an diesem Platz vorkommen.[2]) Ein Fischer hatte hier wohl einen guten Fang getan, und während er einen Teil seiner Beute an Ort und Stelle auf dem Bratrost konservierte oder auch am Strande faulenzte, zeichnete er die Fische in den Sand, deren Fang ihm Freude gemacht hatte, und die seinen Geist noch erfüllten. Bei der Arbeit des Ausnehmens hatte er die Fische in der Hand gehalten; er kannte genau ihre charakteristischen Formen und hatte

---

[1]) Martius: Beiträge I. 576.
[2]) K. v. d. Steinen: Unter den Naturvölkern etc. S. 247—248.

sie nun von neuem betastet. Dies alles mußte ihn gewissermaßen dazu drängen, ihre Umrisse nachzuzeichnen. Man braucht dabei nicht an ein Abkonterfeien zu denken, sondern an ein halb unbewußtes, spielendes Nachahmen ihrer Formen im Sand. Es widerstrebt schon dem egoistischen Sinn des Indianers, auf so „internationalem" Gebiet, wie die Ufer eines von verschiedenen oft feindlichen Stämmen befahrenen Flusses sind, bewußt einen so deutlichen Hinweis auf einen guten Fischplatz zu hinterlassen.

Auch die Fischfiguren auf den Felsen der Karurú-Cachoeira am mittleren Caiary-Uaupés[1]) mögen auf ähnliche Weise entstanden sein, da sie sich an einem Platz finden, der die günstigsten Bedingungen für den Fischfang bietet und den umwohnenden Indianern zu jeder Jahreszeit reiche Beute liefert.

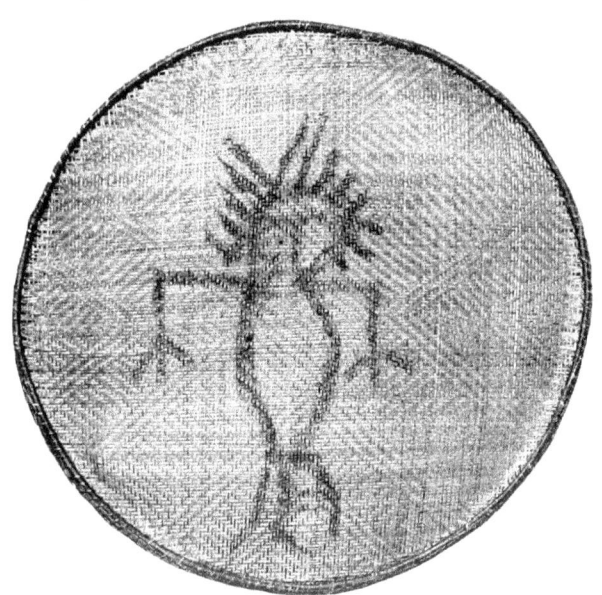

Abb. 35. Mandioka-Sieb der Siusí mit aufgemalter menschlicher Figur.

Im Grunde genommen ist es völlig gleichgültig, wo sich diese Bilder finden, auf der Wand des Hauses, im weichen Ufersande oder auf der glatten Felsfläche. Überall sind es „die müßigen und rohen Anfänge primitiver Kunst."[2])

Dies schließt jedoch nicht aus, daß sich aus diesem Zeichnen auch in Südamerika mit der Zeit eine Bilderschrift hätte entwickeln können, wie es z. B. in Nordamerika der Fall gewesen ist.

Betrachten wir zum Schluß noch die Gründe, durch die sich die meisten Forscher bewegen lassen, die Felsbilder einer höheren Kulturstufe zuzuschreiben. Es sind besonders zwei Punkte, die immer wieder für diese Ansicht ins Treffen geführt werden: die große Zahl der Felsritzungen an manchen Orten und die Tiefe ihrer Rillen. Immer wieder werden „die große Sorgfalt und die enorme Ausdauer" hervorgehoben, mit denen diese Bilder in die Felsen „eingeschnitten" sind, der „in Anbetracht der primi-

---

[1]) Siehe oben Seite 51.
[2]) Richard Andree: Über den Ursprung der sogenannten hieroglyphischen Steinschriften. Globus Bd. 39 S. 247. Braunschweig 1881.

tiven Instrumente ganz außerordentliche Aufwand von Zeit und Mühe," der erforderlich war, um so „ausgedehnte Reihen von Felszeichnungen herzustellen.[1] Man beachtet nicht die treffenden Worte, mit denen schon Martius das häufige Vorkommen der Felsritzungen an einem Platz erklärt hat: „Weil sie einen Kulturzustand bezeugen, der vom jetzigen nicht verschieden ist, so braucht man nicht an der Annahme festzuhalten, daß sie da, wo sie in großer Häufigkeit und Ausdehnung erscheinen, gleichzeitig entstanden seien; sie können das Werk mehrerer ja vieler Generationen sein, welche einander in ein und derselben Örtlichkeit ablösten."[2]

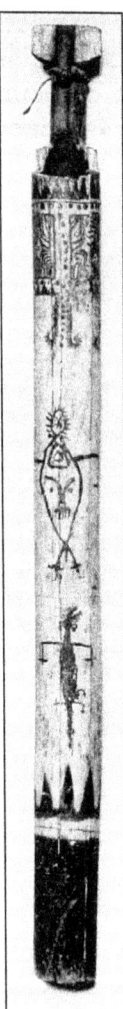

Abb. 36. Tanzstab der Koróa (Rio Cuduiary) mit aufgemalten Figuren[3].

Diese „Bildersammlungen" verdanken ihre Entstehung dem Bestreben, leere Flächen künstlerisch auszuschmücken und dem Nachahmungstrieb, der den späteren Besucher zwingt, der schon vorhandenen Zeichnung eine weitere hinzuzufügen. Die Stromschnellen und Wasserfälle, an denen man die meisten Felsbilder findet, bieten die beste Gelegenheit, diese Urform der Kunst auszuüben. Felsflächen stehen an diesen Orten genügend zur Verfügung, und die Indianer sind hier auf ihren Reisen häufig zu längerem Aufenthalt genötigt. Während die einen die Last ausladen und mit den leeren Booten das Hindernis über Land umgehen, bereiten die anderen am Strande das Mittagsmahl oder tummeln sich im erfrischenden Bad. Überhaupt reist der Indianer gemütlich. Er nimmt sogar zu kurzen freundnachbarlichen Besuchen Weib und Kind und seinen geringen Hausrat mit, und es kommt ihm nicht darauf an, stundenlang an einem Platz zu liegen und seine wohlfeile Zeit in süßem Nichtstun zu verbringen. Auch in der Trockenzeit, wenn der niedrige Wasserstand die Fische zwingt, die tieferen Stellen unterhalb der Fälle aufzusuchen, versammeln sich dort zahlreiche Indianer, um den Fischfang auszuüben. Da mag manche Felszeichnung in müßiger Stunde spielend entstanden sein.

Manche Eigentümlichkeiten weisen darauf hin, daß diese starke Anhäufung von Figuren an vielen Orten nicht das „fleißige Werk" eines Menschen ist, sondern die oft unterbrochene Arbeit einer ganzen

---

[1] vgl. oben S. 6, 14, 16.
[2] Martius Beiträge etc. I. 573.
[3] Die Abbildungen 14, 22, 25, 26, 33, 34, 35, 36 stellen Gegenstände aus meiner Sammlung im Kgl. Museum für Völkerkunde zu Berlin dar.

Reihe von Personen, ganzer Generationen darstellt. Im zweiten Teil dieser Studie habe ich mehrfach die häufige Wiederholung eines Motivs an demselben Platz und den fragmentarischen Charakter einzelner Figuren hervorgehoben. Nicht selten sieht man, wie eine Figur als Vorlage für die daneben stehenden mehr oder weniger vollendeten Kopien gedient hat. Bisweilen ist die Zeichnung aus irgend welchen Gründen nicht zu Ende geführt, oder spätere Hände haben eine unfertige, aber sinnvoll angelegte Figur durch mechanische Verbindung nicht zusammengehörender Linien falsch ergänzt und sinnlos gemacht. Umgekehrt lassen sich sinnvolle Figuren als allmähliche Zusammensetzungen weniger Grundformen erkennen.

Der Stil der Felszeichnungen ist sehr einheitlich, und dieselben elementaren Formen kehren überall wieder, nicht nur am oberen Rio Negro und in den angrenzenden Gebieten, sondern überhaupt in ganz Südamerika, wenigstens im Bereich der Naturvölker, die hier nur in Betracht kommen, wie schon ein oberflächlicher Vergleich ergibt. Dies ist jedoch nicht weiter auffallend und darf keine Veranlassung zu voreiligen Schlüssen geben; denn der Mensch auf gleich niedriger Kulturstufe muß auf die gleiche primitive Darstellung von Menschen und Tieren und einfachen Mustern, wie konzentrischen Kreisen, Spiralen, Wellenlinien u. a. kommen. Auch die gleiche Beschaffenheit des Materials erzwingt die gleichen Formen. Schon vor dreißig Jahren hat Richard Andree in seiner ausgezeichneten Arbeit über die „Petroglyphen", die von neueren Forschern viel zu wenig beherzigt worden ist, auf die einfache Entstehung und die „merkwürdig gleichartige Gestaltung dieser aus gleichen Ursachen hervorgegangenen primitiven Schöpfungen" hingewiesen und an zahlreichen Beispielen gezeigt, daß die Felsritzungen in der ganzen Welt „denselben Charakter darbieten."[1)]

Mehr noch, als die Anhäufung der Felsbilder an manchen Orten, hat die Tiefe der Rillen den Forschern Kopfzerbrechen verursacht, und keiner ist auf eine sehr naheliegende und einfache Erklärung gekommen. Der eine spricht von „ungewöhnlicher Ausdauer", die dazu gehört, „monatelang eine harte Felsplatte mit unvollkommenen Feuersteinmeisseln zu bearbeiten", der andere weiß es sich nicht zu erklären, „mit welchen Werkzeugen" diese Leute „gearbeitet hätten, um so tiefe und dauerhafte Einschnitte hervorzubringen."[2)] Als Robert Schomburgk von den Indianern am unteren Rio Negro hörte, die Felsbilder seien „durch anhaltende Friktion mit Quarzkieseln

---
[1)] Richard Andree: Ethnographische Parallelen und Vergleiche. S. 258 ff. und Tafel II—VI. Stuttgart 1878.
[2)] Siehe oben Seite 6, 24, 28.

eingegraben", machte er sofort einen Versuch, der natürlich fruchtlos blieb. „Unermüdliche Geduld mag auch hier mit Erfolg gekrönt worden sein", meint der Reisende. Indessen spielt die Geduld, die der Indianer in der Tat in überreichem Maße besitzt, hierbei gar keine Rolle; denn diese tiefen Rillen sind wiederum nicht der fortgesetzten „fleißigen" Arbeit eines einzelnen zuzuschreiben, sondern der gleichen Betätigung einer Reihe von Menschen, vielleicht ganzer Generationen.

Zeugen die Felsritzungen überhaupt von einer vorgeschrittenen Technik in der Steinbearbeitung? Ich möchte die Frage verneinen. Die beste Erklärung für die Tiefe der Konturen bei den meisten Felsbildern geben die Steinbeilschliffe, die sich häufig in ihrer Nähe finden. Es unterliegt keinem Zweifel, daß beide auf dieselbe Weise entstanden sind, durch Reiben von Stein gegen Stein. Crevaux allein hat auf diesen Zusammenhang kurz hingewiesen, ohne den angedeuteten Weg der Erklärung weiter zu verfolgen. Die Schleifrillen sind auch nicht mit einem Male so tief geworden. Wie viele Personen mögen wohl ihre Steinbeile an derselben Stelle geschliffen haben, ehe in dem harten Gestein eine Rille von 3 cm Tiefe entstand!

Ebenso verhält es sich mit den Felszeichnungen. Reibt man mit einem kantigen Stein stark über die Fläche eines Felsens, so wird die obere Schicht geritzt, es lösen sich feine Bestandteile des Gesteins los, und es entstehen hellere Linien, wie die Griffelzeichen auf der Schiefertafel. Diese Marken erhalten sich trotz Regens längere Zeit, wie ich öfters beobachten konnte. Zweimal bin ich frischen Felszeichnungen begegnet. Sie waren deutlich sichtbar, obwohl sie schon mehrere Tage, vielleicht Wochen alt waren.

Wie der Indianer auf die Wand seines Hauses in müßiger Stunde mit Kohle alle möglichen Figuren kritzelt, ebenso reizt ihn die glatte Felswand, seine kindliche Kunst zu erproben. Als Stift dient ihm ein Steinsplitter, den er am Boden findet. Nach einiger Zeit kommt ein anderer Indianer an diesen Ort. Er sieht die Figur, die ihm auf dem dunklen Felsen hell entgegenleuchtet, und zieht, dem Nachahmungstrieb gehorchend, die Konturen mit einem aufgerafften Stein spielend nach. Der nächste folgt seinem Beispiel und so fort. Stets werden feine Bestandteile vom Felsen losgerieben, und dadurch wird allmählich, oft erst von Generationen, die Tiefe hervorgerufen, die heute von den meisten Forschern angestaunt und für das mühsame Werk eines Menschen erklärt oder einem höheren Kulturgrade zugeschrieben wird.

Die starke Verwitterung, die das bisweilen sehr harte Gestein in den Rillen zeigt, läßt auf ein hohes Alter mancher Felszeichnungen schließen. Doch ist es oft schwer, bei einer Reihe von Felszeichnungen an demselben Ort einen Unterschied des Alters festzustellen, da die Indianer viele Figuren bis auf den heutigen Tag nachritzen, wodurch sie die Verwitterung verwischen und die älteren Figuren den jüngeren gleich machen.

Es bedarf nicht einmal so langer Zeit, eine ansehnliche Tiefe der Rillen hervorzurufen. Die Schriftzeichen von der zweiten Stradellischen Expedition, die ich frisch nachgeritzt fand, hatten ebenso tiefe und glatte Rillen, wie die danebenstehenden menschlichen Figuren, die meinem Vorgänger offenbar erst die Anregung gegeben hatten, sich hier zu „verewigen".

Ich selbst trug dazu bei, die Felszeichnungen zu vertiefen und einander gleich zu machen. Vor dem Kopieren wurden die Figuren stets von mir und meinen Indianern mit spitzen Steinen in den Rillen nachgezogen und hoben sich dann scharf von dem übrigen Felsen ab, wie man an den Photographien deutlich sieht.

So hat auch das zweite Rätsel, das den Forschern Schwierigkeiten bereitet, seine einfache Lösung gefunden. Damit ist aber auch das zweite und letzte Argument für eine tiefere Bedeutung der Felsritzungen gefallen. Die eingeritzten Figuren sind im Grunde genommen vollständig gleichwertig den auf Felsen gemalten Figuren, die Wallace u. a. beobachtet haben, und weiterhin den primitiven Kunstäußerungen, die sich in den Malereien der heutigen Indianer aussprechen, mit dem einzigen Unterschied, daß an Stelle der Kohle, des Malstäbchens oder des in Farbe getauchten Fingers ein kantiger Stein getreten ist, und daß die Felsritzungen heute eine etwas andere Gestalt und dauerhaftere Beschaffenheit zeigen, als ihr erster flüchtiger, bisweilen zeitlich weit zurückliegender Entwurf.

Gutta cavat lapidem,
Non vi, sed saepe cadendo.

Inhalt.

	Seite
I. Berichte über südamerikanische Felszeichnungen	1—37
II. Bericht des Verfassers über die von ihm am oberen Rio Negro und Yapurá beobachteten Felszeichnungen und Erläuterungen der Tafeln 1—29	38—67
III. Kritische Betrachtungen	68—79

Verzeichnis der Textabbildungen.

Abbildung		Seite
1	Felszeichnungen am Cassiquiare	2
2	Felszeichnung von der Sierra de Tiramuto am oberen Cuchivero	3
3—4	Felszeichnungen von Boca del Infierno. Orinoko	4, 5
5—6	Felszeichnungen am Cassiquiare	8, 10
7	Figur auf dem Timehri-Felsen. Corentyn	15
8—9	Figuren von der Martyrios-Insel. Rio Araguaya	28
10	Die Felsritzungen des Virador in Rio Grande do Sul	31
11	Felszeichnung von São Felippe. Rio Negro	39
12	Felszeichnung von Tatu-piréra. Rio Içána	40
13	Felszeichnung von Taiasu-kauéra. Rio Içána	40
14	Wassertopf der Siusí. Rio Aiary	41
15	Stein mit Schleifrillen	42
16	Bilderfelsen der Yuruparý-Cachoeira. Rio Aiary	44
17	Felszeichnungen vom Cupati-Fall. Rio Yapurá	45
18	Bilderfelsen der Yakaré-Cachoeira. Rio Aiary	46
19	Kohlezeichnung von Araripirá. Rio Aiary	46
20	Figur von der Martyrios-Insel. Rio Araguaya	48
21	Felszeichnung vom mittleren Caiary-Uaupés. „Tapirspur"	49
22	Pirandira-Fisch. Holzfigur der Kobéua. Rio Cuduiary	51
23	Felszeichnungen der Makukú-Cachoeira. Rio Caiary-Uaupés	52
24	Felszeichnungen der Tipiáka-Cachoeira. Rio Caiary-Uaupés	54
25	Schmetterling. Tanzmaske der Kobéua	55
26	Urubú (Schwarzer Aasgeier). Tanzmaske der Kobéua	55
27 a—e	Bleistiftzeichnungen der Kobéua. Tanzmasken	57
28 a—k	Felszeichnungen aus Guayana	59
29 a—d	Felszeichnungen vom Rio Cuminá	60
30 a—h	Felszeichnungen von der Insel Guadeloupe	61
31	Felszeichnung der Itapinima-Cachoeira. Rio Cuduiary	63
32	Pary-Cachoeira. Rio Tiquié	65
33	Wassertopf der Siusí mit aufgemalter menschlicher Figur	73
34	Mandioka-Sieb der Siusí mit aufgemalten Figuren	74
35	Mandioka-Sieb der Siusí mit aufgemalter menschlicher Figur	75
36	Tanzstab der Koróa (Rio Cuduiary) mit aufgemalten Figuren	76

Verzeichnis
der im Text besprochenen Tafeln und Figuren.

Tafel	Figur	Seite
1	a, b, c	39, 41, 46, 72
	d	39
	e	39, 40
	f, g	39, 45
2	a, b, c, d	40, 41
	e	50, 52
	f	40
	g	40, 41, 62
	h	40
3	a, b	40, 41
	c	40
	d	40, 41
	f	40
4	a	40, 41, 50, 52
	b, c, d, e	41
5		41, 48, 64
6	a	41
	b	41, 43, 67
	c	41, 46
	d, e, f	41
	g	41, 62
7	a, b, c	42
	d	46
	e	41, 43, 48
	f	41, 50
	h, i, k	41, 42
8	a	43, 50, 52
	b	43, 73
	c, d, e, f	43
	g, h, i, k	43
9	a	44, 50, 52
	b	44, 45, 48
	c	45, 72
10	a, b, c	45
11	a	45, 46
	b, c	45
	d	45, 46
	e, f	45
	g, h, i	46
12	a, c, g, h	46
	i	46, 47, 64
13	a	47, 48, 64
	b	48, 61
	c	47, 51
	d	47
	e	48
14	a	47, 48
	b	48, 72, 73
	c	47
	d, e, f, g, h	48
	i	47, 48, 51
15	a, b	47, 48
	c	47
	d, e	47, 48
	f	48, 51
	g, h, i, k, l	48
16	a, b, c, d, e, f, g	49
	h	49, 64
	i	49
	k, l	49, 61
	m	49, 61, 64
	n	50
17	a, b	50
	e	50, 52
	f	50
18	a, b, c, d	51
19	a	51, 66
	b, c	51, 75
	d	51, 53, 75
	e	51, 75
20	a	52
	b	52, 66
21	a, b, c, d, e	53
	f	52, 66
	g	52, 53, 56
	h	52
22	a, b	53, 54, 56
	c, d	56, 60, 61
	e	56, 60
23	a, b, c, d	60
24	a	61
	b	61, 63
	c	60
	d, e	56
25	a	62, 64
	b	64, 73
	c, d	63
	e	64
26	a, b, c	64
	d, e, f	62, 64
27	a, b, c, d, e	66
	f, g, h, i	66
28	a, b, c, d	66
29	a, b, c, d, e, f	67

Literaturverzeichnis.

Ambrosetti, Juan B.: La antigua Ciudad de Quilmes. Boletin del Instituto Geográfico Argentino. Tomo XVIII. Buenos Aires 1897.
Andree, Richard: 1. Ethnographische Parallelen und Vergleiche. Petroglyphen. Stuttgart 1878.
2. Über den Ursprung der sogenannten hieroglyphischen Steinschriften. Globus Bd. 39. Braunschweig 1881.
Appun, Carl Ferdinand: Unter den Tropen. 2 Bde. Jena 1871.
Araripe, Tristào de Alencar: Cidades petrificades e Inscripçòes lapidares no Brazil. Revista Trimensal do Inst. Hist. e Geogr. Brazil. Tomo 50. Rio de Janeiro 1887.
Ballet, J.: Les Caraïbes (Guadeloupe). Congrès International des Américanistes. Compte-Rendu de la I Session. Paris-Nancy 1875.
Bastian, Adolf: Die Zeichenfelsen Columbiens. Zeitschrift der Gesellschaft für Erdkunde. Bd. 13. Berlin 1878.
Boletin del Instituto Geográfico Argentino. Tomo XVI. p. 311—342. Buenos Aires 1895.
Broglia di Mombello, Conte G. Orsi di: Sculture di indigeni dell'Alto Orenoco. Bollettino della Società geografica Italiana. Serie III. Volume III. Roma 1890.
Brown, Charles B.: Indian Picture Writing in British Guiana. The Journal of the Anthropological Institute of Great Britain and Ireland. Vol. II. London 1873.
Chaffanjon, J.: L'Orénoque et le Caura. Paris 1889.
Coudreau, Henri: 1. Voyage au Tapajoz. Paris 1897.
2. Voyage au Xingú. Paris 1897.
3. Voyage entre Tocantins et Xingú. Paris 1899.
Coudreau, O.: Voyage au Cuminá. Paris 1901.
Crevaux, Jules: Voyages dans l'Amérique du Sud. Paris 1883.
Ehrenreich, Paul: 1. Beiträge zur Völkerkunde Brasiliens. Veröffentlichungen aus dem Königlichen Museum für Völkerkunde. Bd. 2. Berlin 1891.
2. Die Mythen und Legenden der südamerikanischen Urvölker und ihre Beziehungen zu denen Nordamerikas und der alten Welt. Berlin 1905.
Ernst, A.: Petroglyphen aus Venezuela. Zeitschrift für Ethnologie. Bd. 21. Berlin 1889.
Forbes, David: On the Aymara Indians. Journal of the Ethnological Society. New Series II.
Fonseca, Joào Severiano da: Viagem ao redor do Brazil. 1875—1878. Vol. I. Rio de Janeiro 1880.
Frič, Vojtêch: Sambaqui-Forschungen im Hafen von Antonina (Paraná). Globus. Bd. 91. Braunschweig 1907.
Globus: Bde. 56, 69. Braunschweig 1889, 1896.
Heath, E. R.: The exploration of the River Beni. Journal of the American Geographical Society of New York. New York 1882.

Humboldt, Alexander von: 1. Reise in die Aequinoctial-Gegenden des neuen Continents. In deutscher Bearbeitung von Hermann Hauff. 4 Bde. Stuttgart 1859.
2. Ansichten der Natur. 2 Bde. Stuttgart 1859.
Im Thurn, Everard F.: Among the Indians of Guiana. London 1883.
Keller-Leuzinger, Franz: Vom Amazonas und Madeira. Stuttgart 1874.
Koch-Grünberg, Theodor: 1. Anfänge der Kunst im Urwald. Berlin 1906.
2. Die Maskentänze der Indianer des oberen Rio Negro und Yapurá. Archiv für Anthropologie. Bd. IV. Braunschweig 1906.
Koster, Heinrich: Reisen in Brasilien. Weimar 1817.
Mallery, Garrick; Picture writing of the American Indians. Annual Report of the Bureau of Ethnology to the secretary of the Smithsonian Institution. Washington 1893.
Marcano, G.: Ethnographie précolombienne du Venezuela. Région des raudals de l'Orénoque. Paris 1890.
Martius, C. Fr. Phil. von: 1. Reise in Brasilien. 3 Bde. München 1831.
2. Beiträge zur Ethnographie und Sprachenkunde Amerikas zumal Brasiliens. Bd. I. Leipzig 1867.
Netto, Ladisláu: Archivos do Museu Nacional do Rio de Janeiro. Vol. VI. Rio de Janeiro 1885.
Plagemann, A.: Über die chilenischen „Pintados". Ergänzungsband zum Bericht über den 14. Internationalen Amerikanisten-Kongreß. Stuttgart 1906.
Quiroga, Adan: La Cruz en America. Buenos Aires 1901.
Restrepo, Vicente: Los Chibchas. Bogotá 1895.
Revista del Museo de La Plata. Tomos V, X, XI. La Plata 1896, 1901, 1902.
Rey, Philippe: Sur les inscriptions sur pierre du Rio-Doce. (Brésil). Bulletins de la société d'Anthropologie de Paris. Tome II. Paris 1879.
Rivero und Tschudi: Peruvian Antiquities. New York 1855.
Rodrigues, João Barboza: Rio Tapajoz. Rio de Janeiro 1875.
Schmidt, Max: Indianerstudien in Zentralbrasilien. Berlin 1905.
Schomburgk, Robert: Reisen in Guiana und am Orinoko. Leipzig 1841.
Schomburgk, Richard: Reisen in Britisch Guiana in den Jahren 1840—1844. Bd. I, II. Leipzig 1847.
Steinen, Karl von den: 1. Durch Central-Brasilien. Expedition zur Erforschung des Schingú im Jahre 1884. Leipzig 1886.
2. Die Bakaïrí-Sprache. Leipzig 1892.
3. Unter den Naturvölkern Zentral-Brasiliens. Berlin 1894.
Stradelli, Conte Ermanno: Iscrizioni indigene della regione dell'Uaupès. Bollettino della Società geografica Italiana. Roma 1900.
Taubner, Kurt: Zur Landkartenstein-Theorie. Zeitschrift für Ethnologie. Bd. 23. Berlin 1891.
Träger, Paul: Brief an die Anthropologische Gesellschaft zu Berlin vom November 1906. Zeitschr. f. Ethnol. Bd. 38. Berlin 1906.
Tschudi, J. J. von: Peru. Reiseskizzen aus den Jahren 1838—1842. Bd. II. St. Gallen 1846.
Wallace, Alfred R.: A Narrative of Travels on the Amazon and Rio Negro. London 1853.
Whitfield, J.: Rock Inscriptions in Brazil. The Journal of the Anthropological Institute of Great Britain and Ireland. Vol. III London 1874.
Wiener, Charles: Pérou et Bolivie. Paris 1880.
Zeitschrift für Ethnologie. Bde. 8, 9, 12, 24. Berlin 1876, 1877, 1880, 1892.

Index.

Aasgeier, schwarzer, Tanzmaske, 54
Abessiniens, Felsbilder 3
Ägypter 3
Affe, Darstellung 15, 45, 47, 61, 66, 72
Aï-Cachoeira 62
Aiary, Rio 39, 40, 45, 62, 72, 73
Alencar Araripe, Tristão de 29
Alligator, Darstellung 6, 19, 24, 27, 73
Alligator-Haut 73
Alphabet, ideographisches 20
Alter, hohes, mancher Felszeichnungen 78
Amalivaca 2
Amazonenstrom 9, 14, 17, 19, 24, 26, 28
Amazonas 18
Ambrosetti, Juan B. 34, 35
Ameise, Darstellung 48
Amerikanisten-Kongreß, internationaler, zu Stuttgart 36
Anapú 26
Andree, Richard 16, 77
Anfänge primitiver Kunst, müßige und rohe 75
Anhanguera 27
Anthropologische Gesellschaft in Berlin 34
Apaporis 67
Appun, Carl Ferdinand 5, 12
Arabesken 18
Araes 27
Araguaya 27
Arara, Darstellung 48, 72
Arara-Cachoeira 50
Arara-Coara 68
Ararakuára-Fall 21, 22, 23
Araripirá-Cachoeira 40, 46
Arencré 25
Arequipa 33
Art of rock-engravings 17
Art of stone-implement making 17
Aruakstämme 40, 45, 58, 59
Atabapo 1
Atacama-Wüste 36
Atures 6
Aymara-Land 36

Bahia 71
Bakaïri 71
Baniwa 39
Barboza Rodrigues, João 18, 25
Bartholomeo Bueno der Ältere 27
Bastian, Adolf 33, 36
Bedeutung der Felsbilder 16
Bedeutung, religiöse 17
Bedeutung, symbolische 2
Berbice 7, 12, 13, 14
Betoya-Gruppe 59
Bevölkerung Amerikas durch asiatische Horden 9
Bildersammlungen 76
Bilderschrift 4, 13, 19, 33, 58, 68, 74, 75
Bilderschriften 5, 11
Biotitgneiß 38, 50, 53
Bleistiftzeichnungen 58, 62, 63
Bleistiftzeichnungen von Maskentänzern 56
Boa, Darstellung 1
Bogen, Muster 53
Bogen, halbkreisförmiger 49, 53
Bogenlinien 60
Boggiani, Guido 32
Bokoëpana 41
Bootsuntergang 70
Breite der Furchen 13
Britisch-Guayana 4, 12, 14, 25
Brown, Charles Barrington 12, 13, 14, 18
Bruch, Carlos 35
Buchstaben 1
Buchstabenschrift 1

Cabalaba 7
Cabeza de Vaca 36
Cachoeira da Madeira 24
Cachoeira das Lages 24
Cachoeira do Ribeirão 24
Caetano 26
Cafayete 35
Caiarý-Uaupés 47, 54, 59, 62, 65, 66, 72, 73, 75

Cajon de los Cípreses 36
Calchaquí 34
Calchaquí-Tal 35
Caldeirão do Inferno 24
Caluguru, Río 33
Camarões (Krabben) 39, 46
Cantagallo 25
Carahuasí, Río 34, 35
Caraná-Palme 39
Caríben 7
Caru-Sacaébé 26
Cassíkytyn 13
Cassiquiare 1, 8
Castanheiro 20
Castelnau, Francis de 27
Castamarca 34
Cauca-Tal 33
Caycara 1, 2
Ceará 28, 29
Cerro del Tirano 1
Cerro Pintado 6
Chaffanjon 6
Chile 36
Christliche Ideen, beeinflußt durch 16
Christo (als Stammesheros) 39
Conquista 5, 6
Conquistadores 9
Cophias atrox 52
Cordilleren, Gebiet der 33
Corentyn 7, 8, 9, 13, 14, 15
Corials (Boote) 10, 12
Corumbá 31, 32
Coudreau, Henri 25, 26
Coudreau, Madame O. 18
Crevaux, Jules 6, 17, 18, 73, 78
Cuduiary, Río 21, 62, 73
Culimacari 1
Cuminá, Río 18
Cumutí- oder Taquiare-Felsen 7
Cunucunuma 6
Cupatí-Fall 22, 68
Curicuriary, Río 66
Cuyuwini 7, 12

Dämonen 18, 54, 58, 64, 70, 72, 73
Darstellungen topographischer Verhältnisse 3
Denksteine oder Grenzmarken 28
Deutungen der Felsbilder durch die heutigen Indianer 48, 51, 53, 72
Diaguites 34
Diamantina 30
Doce, Río 30

Dokumente, historische 20, 69, 70
Doppelvolute 40, 41, 43, 45, 46, 49, 53, 62, 64, 66
Doppelvolute, dreilinige 60
Dorado 1
Dornenkrone 28

Ebauches enfantines 17
Ehrenreich, Paul 27, 48
Eidechse, Darstellung 6, 27
Einheitlicher Stil der Felszeichnungen 77
Einschnitte, dauerhafte 6
Eisenwerkzeug, roh eingeschnitten mit einem spitzen 13
Eldorado 27
Elementare Formen 77
Encaramada 1
Enganos, Río dos 22
Engravings, deep and shallow 15, 16, 18
Entstehung der Felsbilder 16
Erinnerungen an wichtige Erlebnisse 28
Erinnerungstafeln 69
Ernst, A. 3, 4,
Erratischer Block 35
Espíritu Santo 71
Essequibo 1, 5, 7, 9, 11, 14, 18, 71

Fahrzeuge unter Segeln, Darstellungen 9
Familienabzeichen hervorragender Führer 28
Fanale 69
Farbe, mit roter, eingeriebene Rillen 26
Faultier, angebliche Darstellung 62
Federschmuck, Darstellung 43, 63
Felsinschriften 28
Felsmalereien 14, 19, 30, 33, 34, 35
Felsritzungen, tiefe und flache 15
Feuerland 36
Feuersteinmeissel 24
Figuren, geometrische 32
Figuren, mathematische 19
Fische, Darstellungen 25, 39, 40, 50, 51, 53, 75
Fischschwanz 51
Fledermausfisch 51
Fledermauszeichnung, Ornament 53, 60, 63
Forbes, David 36
Forromecco 30

Fragmentarischer Charakter der Felsbilder 69, 77
Französisch-Guayana 17
Frič, Vojtěch 32
Friktion, anhaltende, mit Quarzkieseln 9, 77
Frisch eingeritzte Figuren 56, 66
Froschfiguren 18
Fußstapfen, menschliche, in Felsen 71, 72

Gaiba-See 31, 32
Galibi 18
Galione, Darstellung einer spanischen 9
Geduld, unermüdliche 9, 16, 78
Gefäßornamente 41
Geflechtsmuster 42
Geisterwelt, Felsritzungen in Verbindung gebracht mit der 11
Gemäldeschrift, indianische 8
Genipa-Saft 18
Geometrische Figuren 32
Geschicklichkeit der früheren Arbeiter 8
Geschlechtsteile, weibliche 48
Giftschlange, Darstellung 48
Gleichwertigkeit der Felsbilder und modernen Malereien 79
Glotzaugen, durch flache Grübchen hervorgerufene 40
Gneis, Gneiß 13, 50, 52, 66
Götterdienstes, Zeugen eines 68
Gonçalves Tocantins 25
Gorjahu 71
Granit 8, 10, 13, 20, 62, 64, 67
Granit, mit einem spitzen, in die Felsen eingeritzt 26
Granitblock 5
Granitfelsen 7, 8, 29
Granitporphyr 6
Grenzmarken 28, 71
Grenzsteine 17
Grübchen, Zeichnung 40, 41, 43, 46, 48, 49, 50, 51, 53, 56, 62, 63, 64, 66
Grünstein 13, 36
Grundformen 38
Guadeloupe 58
Guanacos 35
Guaviare, Rio 6
Gürteltier, Zeichnung auf der Rückenschale 40, 72

Guyana ⎫ 5, 58
Guayana ⎭

Halbmondförmige Figur 53
Hammer und Meissel, mit, eingegrabene Figuren 8
Hand, Darstellung 36
Handabdrücke 19
Hauswand, Malereien auf der 46, 74, 75
Heath 25
Hemänihike 71
Hieroglyphen 1, 8, 26, 29, 33
Himmelskarte, in den Sand gezeichnet 69
Himmelskörper, Darstellung 1
Hineingesehener Sinn 73
Hipana 41
Hirschkuh mit saugendem Kalb, Darstellung 35
Hochwasser 50
Hochwassermarke 20
Höhe, Figuren in bedeutender 2, 6, 10, 25
Hörner, Darstellung 22
Holländer 28
Hortsmann, Nikolas 1, 6
Humboldt, Alexander von 1, 25
Humboldt, Polemik gegen 4
Hund, Darstellung 18

Ibiapaba 28
Içána, Rio 39, 72
Ilha de Pedra 8
Ilha do Bahú 38
Ilha dos Martirios 27
Im Thurn, Everard F. 14, 15, 16, 17, 18, 56
Incas, Eroberungszüge der 24
Indianerstein 5
Inhamun 29
Inka, Zug der, gegen Tucuman 34
Inschriften 7, 24, 28, 30, 33
Inschriften, symbolische 37
Inschriftenhügel 31
Insekt, Darstellung 27
Ipanoré-Cachoeira 47
Ipéka-Cachoeira 64
Itacoatiara 19
Itakoatiára-Cachoeira 38
Itamaracá 26
Itapinima-Cachoeira 63
Itinerar der alten Wanderungen der Stämme 21

Iyeïmi, Dämon 43
Iyéipana 43

Jaguar (Yauareté), Darstellung 3, 40
Jaguarfüße, angebliche Darstellung 31
Jaguarmaske 56
Jaspis-Sandstein 13
Jesuiten 27
Jungfrauinseln 7

Kaiman, Darstellung 11
Kampfesweise der Indianer 70
Kanu-Unglück 17, 70
Karaiben 7, 12, 58
Karayá-Indianer 28
Karipuna-Indianer 24
Karurú-Cachoeira (Tiquié) 66
Karurú-Cachoeira (Uaupés) 50, 75
Karútana-Indianer 40
Katsiripana 45
Káua-Indianer 72
Kayapó-Indianer 28
Kayú-Cachoeira 66
Keller-Leuzinger, Franz 24
Keri 71
Kiemenbogen, Darstellung 51
Kieselschiefer 28
Kindische Entwürfe 17
Kóai 41
Kóai-Bild 48
Kobéua-Indianer 51, 54, 56, 59, 64, 71
Kohlezeichnungen 46, 74
Kolombianisches Hochland 33
Konturenzeichnungen 50
Kopfputz, Darstellung 49, 62
Kopfschmuck, Darstellung 61
Koster, Heinrich 29
Krabbenfiguren 39, 41, 72
Kreise 19, 36, 60
Kreise, konzentrische 19, 24, 32, 41, 48, 50, 60, 67, 77
Kreislinie des Kopfes 49
Kreuzfigur, Kreuze 26, 36
Kreuzornament 28
Kritzeleien, sinnlose 50, 63
Kröten, Darstellungen 22, 45, 46, 51
Krokodile, Darstellungen 1
Kulidibo 64
Kultäußerungen 37
Kultur, Beweise einer vorgeschrittenen 25

Kulturheros und Stammvater 26, 40
Kulturstandpunkt, moderner 71
Kulturstufe, bedeutende 2
Kulturstufe, höhere 11, 75
Kulturstufe, höhere, der Eingeborenen in früherer Zeit 9
Kulturvölker 33
Kultus, Spuren eines 23
Kunert, August 30
Kunst der Felseingrabungen 17
Kunst, Steingeräte zu verfertigen 17
Kurauataïrapekúma 40

Lages, Cachoeira das 24
Lama, Darstellung 36
Landkarte, in den Sand gezeichnet 69
Landkarten, Bedeutung der Felsbilder als 33
La Plata, Stromgebiet des 31
Letreiros 28, 30, 31
Limay, Rio 35

Macunaima 7
Madeira, Rio 24, 25
Madeira, Cachoeira da 24
Mäanderzeichnung 42
Magalhàesstraße 36
Magdalena, Rio 33
Maguary-Storch, Darstellung 39
Makenaima Moomoo 16
Makú-Indianer 66
Makukú-Cachoeira 52
Makunaima 11, 13
Makusi-Indianer 12
Malereien der jetzigen Indianer 23, 73, 74
Mallery, Garrick 4
Maminaïmi, zwerghafte Wasserdämonen 6
Mamoré 25
Manaos 18
Manhekanalienipe 41
Marcano 4
Mariano de Rivero 33
Maroni 17
Martiriosinsel 28, 48
Martirios, Ilha dos 27
Martius, Carl Friedrich Philipp von 21, 23, 29, 43, 68, 69, 71, 73, 76
Martyrios, fabelhafte Goldstätte der 26
Marua 7
Maskenanzüge 53
Maskenkörper 56

Maskentänze 54, 58, 59
Masken und Maskentänzern, Darstellungen von 70
Masken und Maskentänzern, unfertige Darstellungen von 56
Maß, das große, von Zeit und Arbeit 16
Mathematische Figuren 19
Matto Grosso 27
Mauari mukáua 38
Menschenarmen und -beinen, angebliche Darstellungen von 31
Menschengesichter, Darstellungen 22
Menschliche Darstellungen 47, 49, 50, 51, 52, 63, 64
Merkzeichen verborgener Schätze 28
Mesai, Rio 22
Mexikaner 29
Mikúra-Cachoeira 49
Minas Geraes 30
Mischung von Strich- und Konturenzeichnung 53
Mißgestalt 49
Mitteilendes Zeichnen 69
Mombello, Orsi di 3, 4
Mond, Darstellung 1, 19, 25, 31, 36
Monströse Köpfe 23
Montagne d'Argent 17
Monte Alegre 19
Monumente der Zivilisation und Überlegenheit ihrer Altvordern 7
Morro do Letreiro 31
Moura 8
Mumien 36
Munduruků-Indianer 25, 26
Mystische Zeichen 58
Mythen und Legenden 1, 21, 39, 71
Mythologie 68, 71

Nachahmungstrieb 37, 76, 78
Nachritzen der Figuren 41, 50, 52, 62, 79
Naná-Cachoeira 52
Naturkultus 24
Naturspiele 39, 71
Nebensonnen, Zeichnung von 4
Netto, Ladisláu 26
Nhamundá 18
Nichtachtung der Indianer gegenüber den Felsbildern 13
Nordamerika, Bilderschrift in 75
Nordpatagonien 35
Novo Hamburgo 30

Obscöne Figuren 31
Oddi, Luiz 26
Okukirapekuma 41
Onzenköpfe, Darstellungen 22
Orinoko 1, 3, 6, 25
Orinokotal 4
Ornamental 15
Ornamentale Linien 67
Ornamente 52, 60, 64, 65
Ornamente des Maskenkörpers 56, 58
Ornamentik der heutigen Indianer, Übereinstimmung mancher Felszeichnungen mit der 4, 12, 53, 73
Oyampi-Indianer 18
Oyapok 17, 18

Pacaraima-Gebirge 13, 14
Pajés 24
Palmblätter, angebliche Darstellungen 32
Papury, Rio 21
Parahiba 29
Parallele Bogenlinien 52, 66
Paraná, Alto 32
Paranatinga 26, 27
Parima (Fluß) 7
Pary-Cachoeira 65, 66
Paulisten 26
Pedra Lavrada 29
Pedras de Camaroẽs 39, 40, 42, 45
Pedras de Korokoró 40
Pedras de Tamanduá 43
Pedras de Yauareté 40
Pedrero (Moura) 9
Pegmatit 39, 64
Pernambuco 29, 71
Peru 33
Peruaner 29
Pflanzen, Darstellungen 32
Phallus-Dienst 14
Phantasie, rege, der Indianer 72
Phantasie, spielende Äußerungen einer kindlichen 33
Phantasie-Spiele ohne alle Bedeutung 31
Phantastische Formen von Felsbildern 47
Philippi, Rudolf Amandus 36
Phönizier 3
Piapoco-Indianer 6
Piaroa-Indianer 4
Piauhy 29
Picture writing 13

Piedra de los Indios 5
Piedra del Tigre 3
Pinienbäume, Darstellungen 31
Pirandira, Fisch 51
Pira-paraná 38, 67
Pires Campos 27
Plagemann, A. 36, 37
Planeten, Zusammentreffen zweier 4
Plejaden, Felszeichnung 39, 48
Popäli, Dämon 64
Praya de Embaré 71
Primitive Darstellung von Menschen 42
Primitive Kunst, erster Versuch 20
Profankunst 37
Profil, gemischtes 39
Puerto Cabello 5
Puma, Darstellung 36
Púpuitukúe, Cachoeira 64

Quarz-Porphyr 13
Querary, Rio 21
Quilmes 34

Reale Vorbilder 58
Rechtecke 36
Recife 71
Regellosigkeit, bunte, der Felsbilder 69
Reiben mit Steinen 13, 15
Reiben von Stein gegen Stein 17, 78
Reiben mit einem Stück Holz und feuchtem Sand 13, 15
Religiöser Zweck 14, 18
Religiöse Motive 68
Restrepo, Vicente 33
Revista del Museo de La Plata 35
Rey, Philippe 30
Ribeirão, Cachoeira do 24
Rillen, Glätte der 47
Rio Branco 7, 20
Rio Grande do Sul 30, 31
Rio Negro 1, 6, 8, 19, 20, 38, 39, 48, 59, 66, 77
Risse, natürliche, im Gestein 50
Rivero, Mariano de 33
Roberto, Maximiano 62
Rochen, angebliche Darstellung 4
Rock-engravings 16
Rodrigues, Barboza 18, 25
Roraima-Gebirge 11
Roter Farbe, Figuren in 14, 29, 30, 33, 34
Roucouyenne 18

Ruder, Malereien auf 12
Rupununi 1, 3, 5, 6, 12

Saint-Hilaire, Auguste 30
St. John's-Insel 7
Salta 34
Sandstein 22, 43
Sandzeichnungen 69, 74
San Esteban 5
San Fernando d'Atabapo 6
S. Domingo 32
Sta. Izabel 20
Santa Rosa 33
Santos 71
São Felippe 39, 48
São Francisco, Rio 29
São Gabriel 8
São José 20
São Paulo 71
São Sebastião 30
São Vicente 71
Schildkröten, Darstellungen 24, 45, 46
Schlangen, Darstellungen 5, 6, 11, 15, 22, 26, 31
Schlangenlinie 48
Schlangenzeichnungen 48
Schleifmarken von Steinwerkzeugen 47
Schleifrillen 32, 41, 42
Schlüssel für die Hieroglyphen Guayanas 16
Schlüssel zu den Inschriften 21
Schmetterling, Tanzmaske 54, 55
Schmidt, Max 31
Schmidt, Otto 40
Schneckenlinien 10, 11
Schneckenlinie innerhalb eines Quadrates 22, 23
Schnörkel 22
Schöpfungslegende 6
Schomburgk 6, 11, 73
Schomburgk, Richard 9, 10
Schomburgk, Robert 7, 12, 72, 77
Schrift 69
Schriftgranit 64
Schriftzeichen 1, 33
Schriftzeichen am Madeira 24
Segurado, Rufino 27
Semitische Sprachzeichen 11
Serpa 19
Serra do Anastasio 29
Serra do Mar 71
Serra Grande 28
Serra Merioca 28

Sertão 29
Severiano da Fonseca 31
Shallow engravings 15, 16, 18, 56
Sipari 72
Siusí-Indianer 39, 41, 43
Siusí-Häuptling Mandú 39
Siusí-Maloka 46
Sonne, Darstellung 1, 19, 25, 31, 36
Sonnenbilder 3
Spiel müßiger Indianerlaune 24
Spielende Äußerungen eines naiven Kunstempfindens 68
Spielerei, müßige 3
Spielereien, einfache, bedeutungslose 28
Spieltrieb 37
Spiralen 26, 42, 66, 77
Spirale, doppellinige 53
Spiralförmige Linien 5, 44, 49, 50
Stachelrochen 51, 72
Stammesfeste 70
Stammesheros 50, 71, 72
Stammeslegenden 70
Stammesmythen 71
Stein des Jaguar 3
Steinaxt 28, 42, 60
Steinbeilschliffe 14, 17, 39, 40, 51, 62, 64, 78
Steinbruch 32
Steinen, Karl von den 26
Steinen, Wilhelm von den 30
Steingärten, gigantische 37
Steinwerkzeuge, 30, 32
Sterne, angebliche Darstellungen 31
Sternförmige Zeichnung 49
Stockman, Alfred 4
Stradelli, Ermanno 20, 21, 47, 56, 62, 79
Strahlenbinde, Darstellung 22
Strausse, Darstellungen 35
Suasú-Cachoeira 38, 42
Südwestecuador 33
Syenit 33
Symbolische Natur der Felsbilder 3
Symbolische Bedeutung der Felsbilder 68
Symbolische Zeichen 4
Symbolische Züge 2

Tabaksaft, in die Augen gespritzt 11, 13
Taiasú-Cachoeira 61
Taiasú-kauéra 40
Tamanaken, Indianer 2

Tamurumu 7
Tapajoz, Rio 25, 26
Tapir, Darstellung 49, 62
Tapirspur, angebliche 49
Taquiari- oder Comuti-Gebirge 11
Tariána-Indianer 49, 50, 72
Tarumá-Indianer 12
Tatú-piréra 40, 42
Tausendfuß 6
Ten Kate 35
Tepu-mereme 1
Territorio del Neuquen 35
Territorio del Rio Negro 35
Teufel (Dämonen) 18
Tiahuanaco 34
Tiefe der Rillen 13, 75, 77, 79
Tiere, Darstellungen 48
Tierbilder 27
Tiger, Darstellung 1, 18
Timehri 7, 8, 12, 15
Tinéri oder Timéri 17, 18
Tipiáka-Cachoeira 53, 56, 58, 60
Tiquié, Rio 65
Tocantins, Gonçalves 25
Tocantins, Rio 26
Topfmalerei 42
Topographische Orientierung 33
Totengeister, Rache der 70
Totentänze, dämonische 53
Träger, Paul 32
Trockenzeit 76
Trombetas, Rio 12, 18
Tschudi, von 33
Tsomé, 71
Tucuman 34
Tueré, Rio 26
Tukano, angebliche Darstellung 64, 73
Tukano-Cachoeira 64
Tukano-Indianer 66
Tukunaré-Cachoeira 61
Tupána 21, 39
Tzumé 71

Uakariáka-Cachoeira 49
Uamúdana 41
Uanána-Indianer 56
Uanána-Maloka 56
Uarakapury-Cachoeira 62
Uaupés, Rio 20, 21
Uaupés-Indianer 58
Übereinstimmung der Felsbilder mit heutigen Malereien 4, 12, 53, 73
Überlieferungen 14

Umarí-Cachoeira 49
Uruana 1
Urubú, Tanzmaske 18, 54, 56
Urukú 30

Venezuela 3, 20
Verallgemeinerung, Fehler der 69
Virador 30, 31
Vögel, Darstellungen 8, 19, 30, 39, 45
Vogeldämon 56
Voluten 24
Volutenartige Zeichnungen 24, 40, 41, 45, 49

Wänden der Hütten, Figuren an den 12
Waffen, Figuren auf den 12
Wallace, Alfred Russel 14, 19, 20, 79
Wanderungen der Völkergruppen 60
Waraputa-Fall 7, 8, 9, 10, 11, 12, 15, 71
Wasserdämonen 6
Wasserstand, hoher 52, 56, 66
Wasserstand, niedriger 76
Watuticaba 12
Wege- und Eigentumszeichen 3
Wegweiser 36
Wellenlinien 66, 77
Werk der Alten 1
Werk früherer Einwohner 29
Werkzeuge zur Bereitung des Maniocmehls, Darstellungen 1
Whitfield, J. 28, 29
Wiederholung, häufige, eines Motivs an demselben Platz 77

Wiener, Charles 34
Wohnsitz eines bösen Geistes 11
Wolf, Theodor 33

Xingú, Rio 25, 26, 27

Yaburú-Storch 49
Yakaré-Cachoeira 45, 73
Yakaré-piréra 73
Yaperikuli 39, 40, 41, 49, 72
Yapurá, Rio 22, 38, 59, 67
Yararáka, Giftschlange, Darstellung 52
Yauareté-Cachoeira 47, 49, 72
Yurúna-Indianer 26
Yurupary-Cachoeira 43, 72, 73

Zacken, Muster 53
Zahl der Skulpturen, außerordentliche 23, 75
Zauberer 24
Zeichnende Geberde 69
Zeit und Mühe, außerordentlicher Aufwand von 28
Zeitraubende Arbeit 29
Zeitvertreib, müßiger 16
Zeremonienstab 53
Zerrbild 47
Zickzacklinien 31
Zivilisation, Spuren einer alten 2
Zone der Bilderfelsen 6
Zusätze und Veränderungen, willkürliche 51
Zweige, eingeknickte 69
Zweimaster, Darstellung 9.

Tafel 1.

Pedras de Camarões.
Río Jçána.

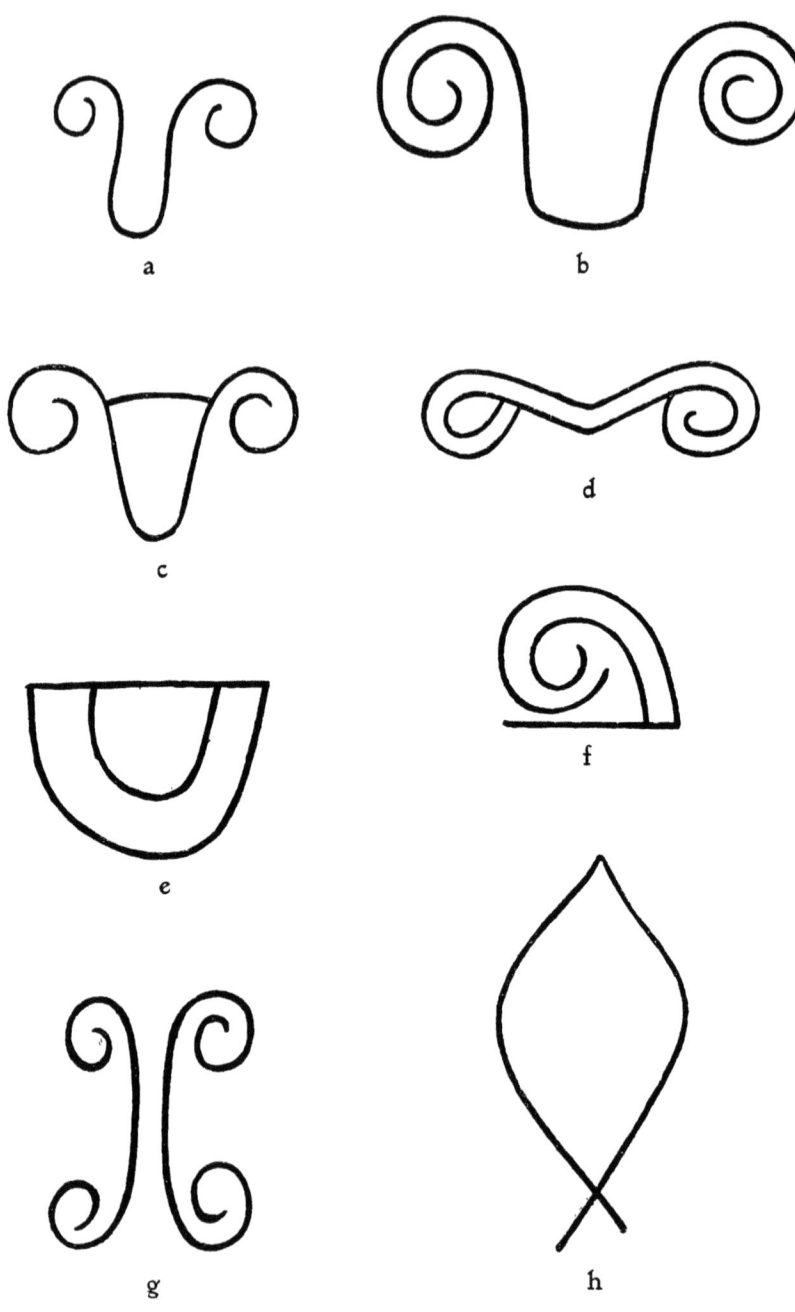

Kurauataïrapekúma.
Rio Aiarý.

Tafel 3.

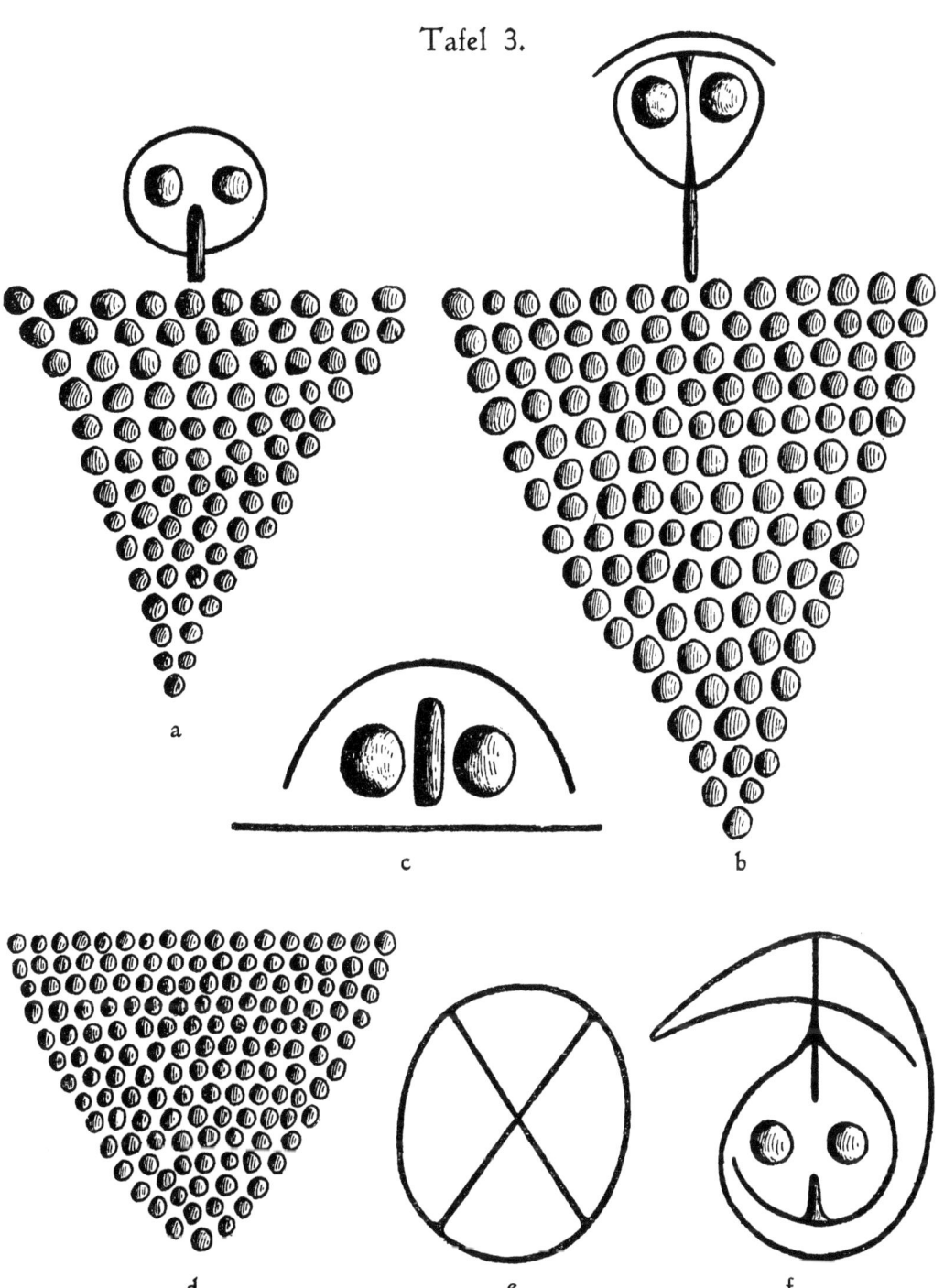

Pedras de Yauareté.
Rio Aiarý.

Tafel 4.

Pedras de Yauareté.
Rio Aiarý.

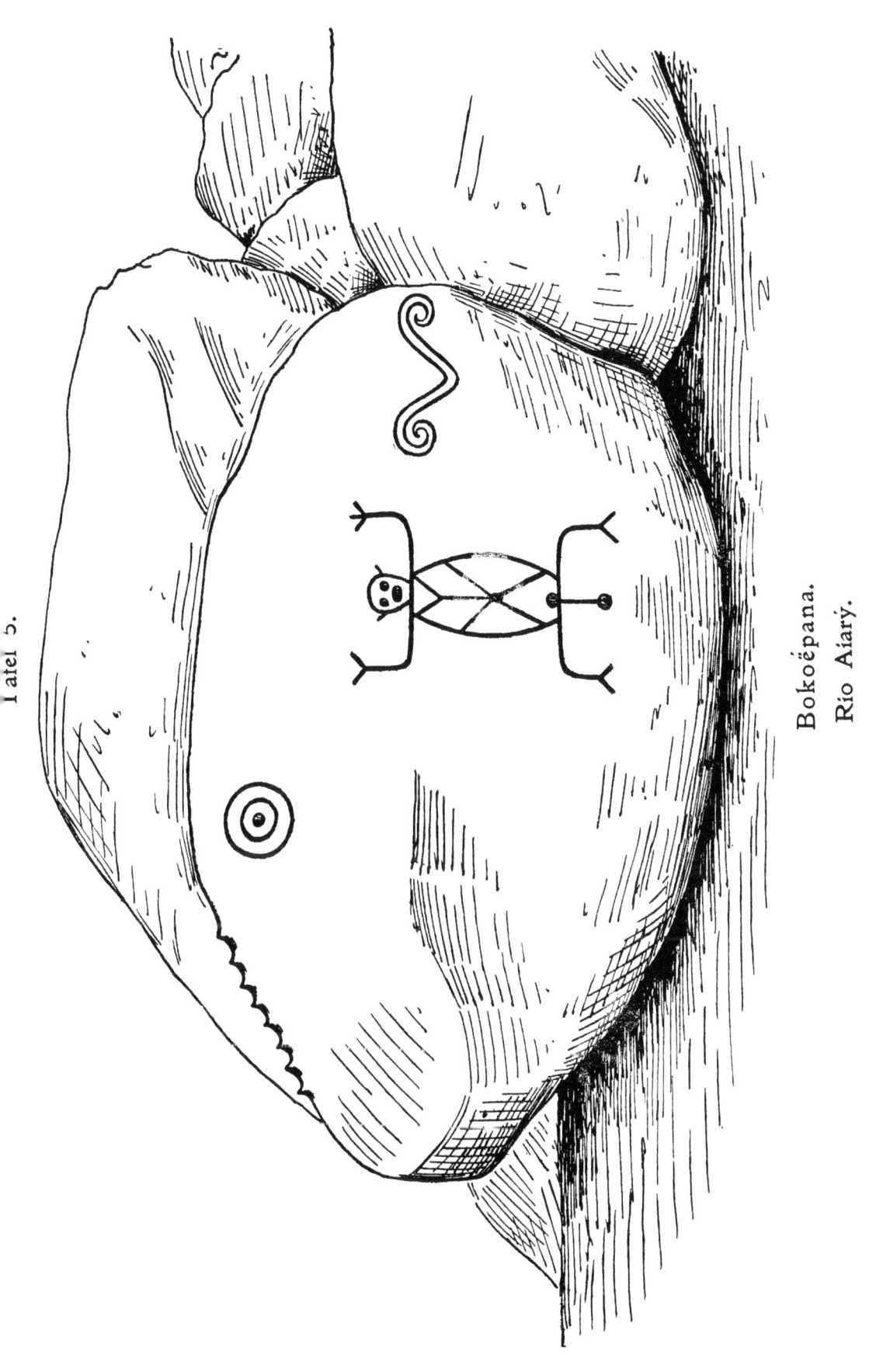

Bokoëpana.
Rio Aiarý.

Tafel 6.

Hípana. Fig. a—f.
Bokoëpana. Fig. g.
Río Aiarý.

Tafel 7.

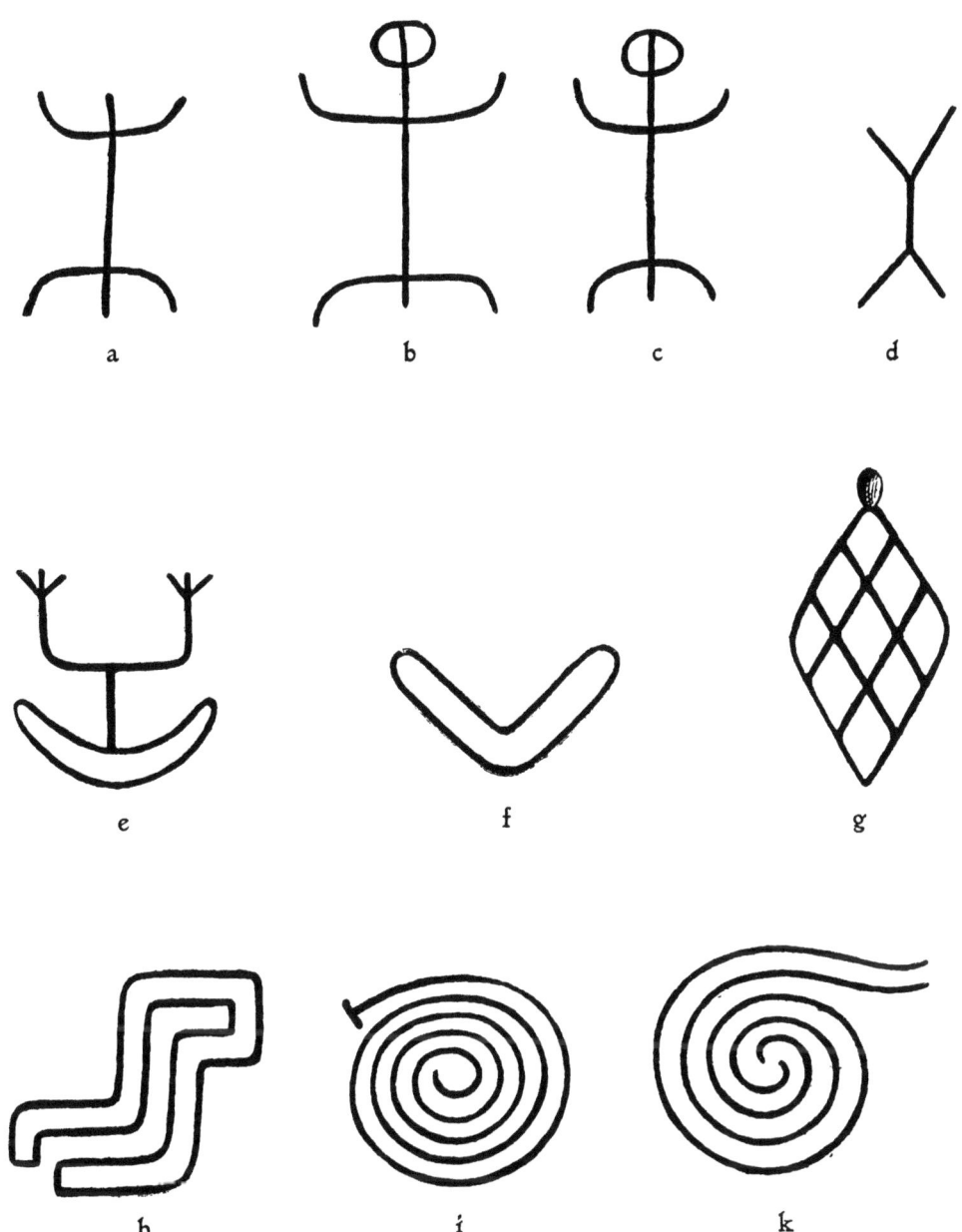

Suasú-Cachoeira. Fig. a—d.
Hípana. Fig. e—k.
Rio Aiarý.

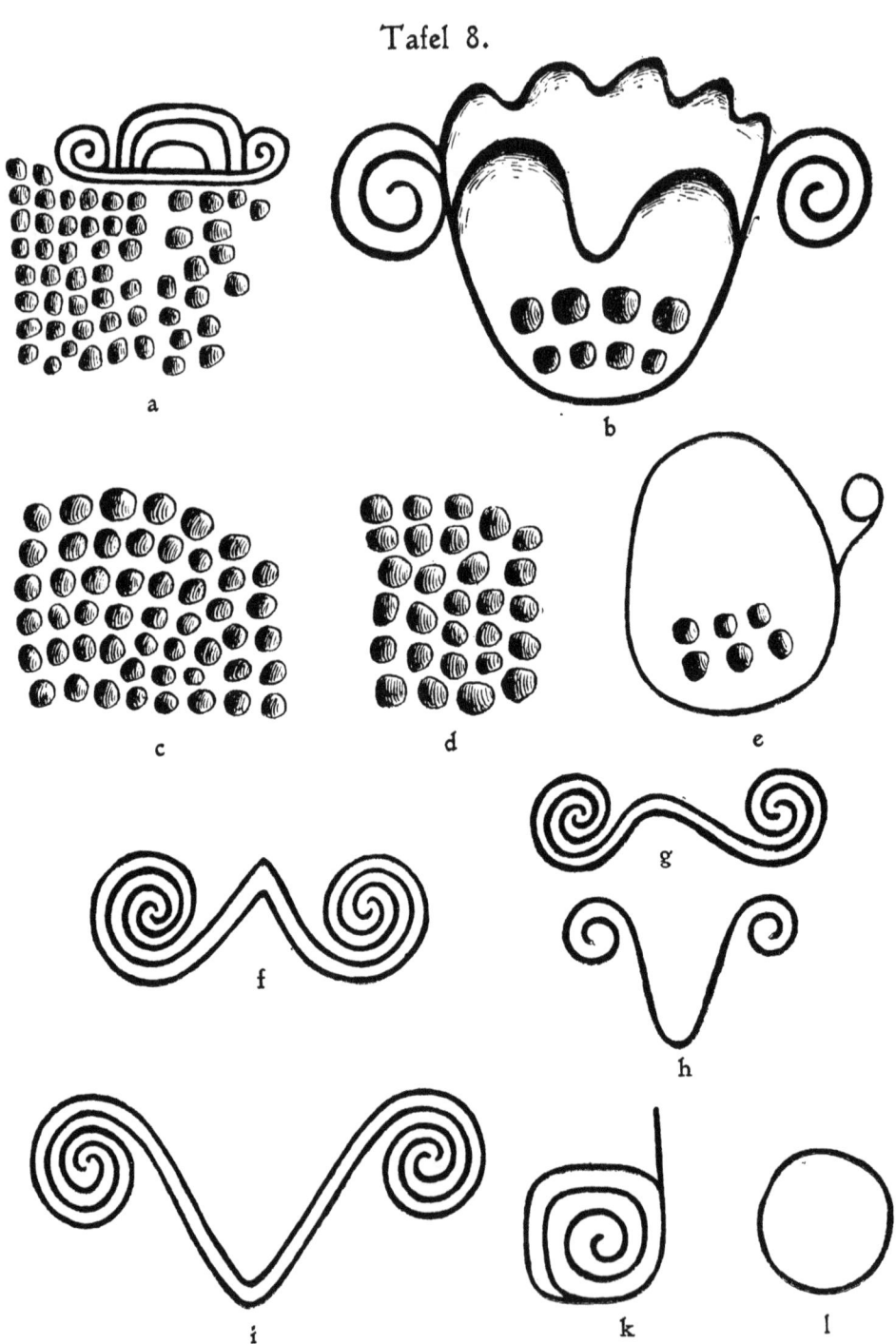

Yurupary-Cachoeira.
Rio Aiary.

Tafel 9.

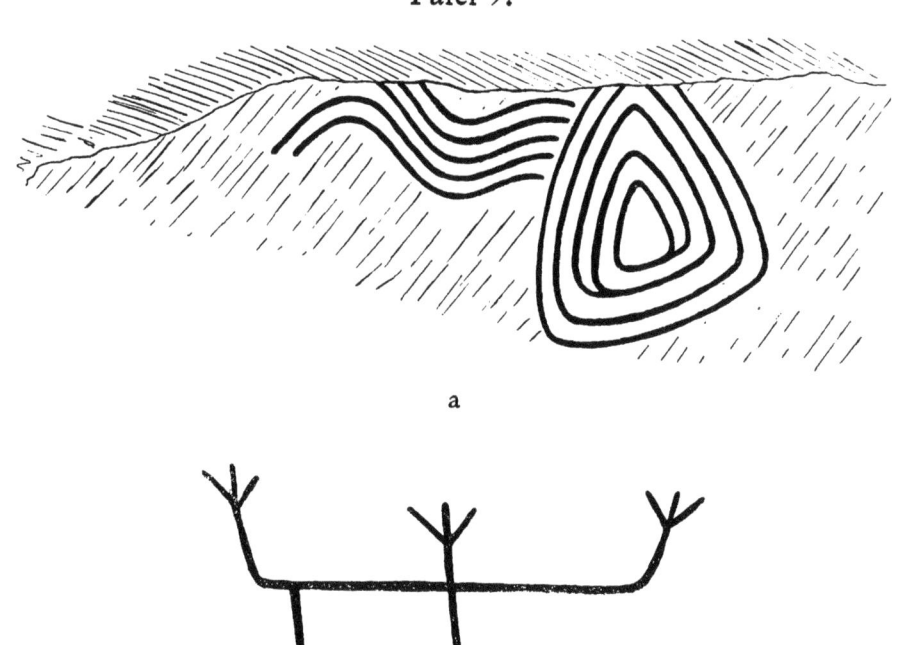

a

b

c

Yurupary-Cachoeira.
Rio Aiary.

Tafel 10.

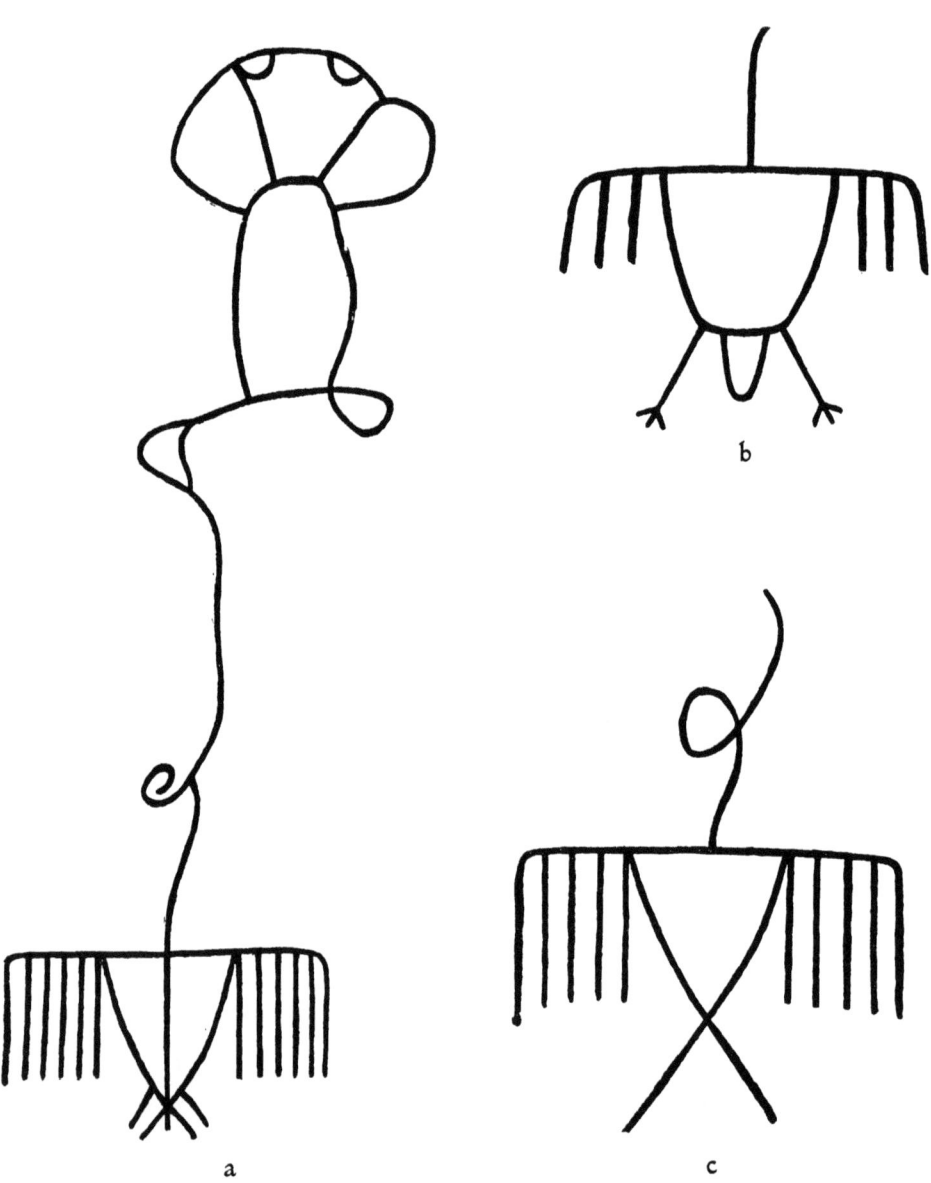

Yakaré-Cachoeira.
Rio Aiarý.

Tafel 11.

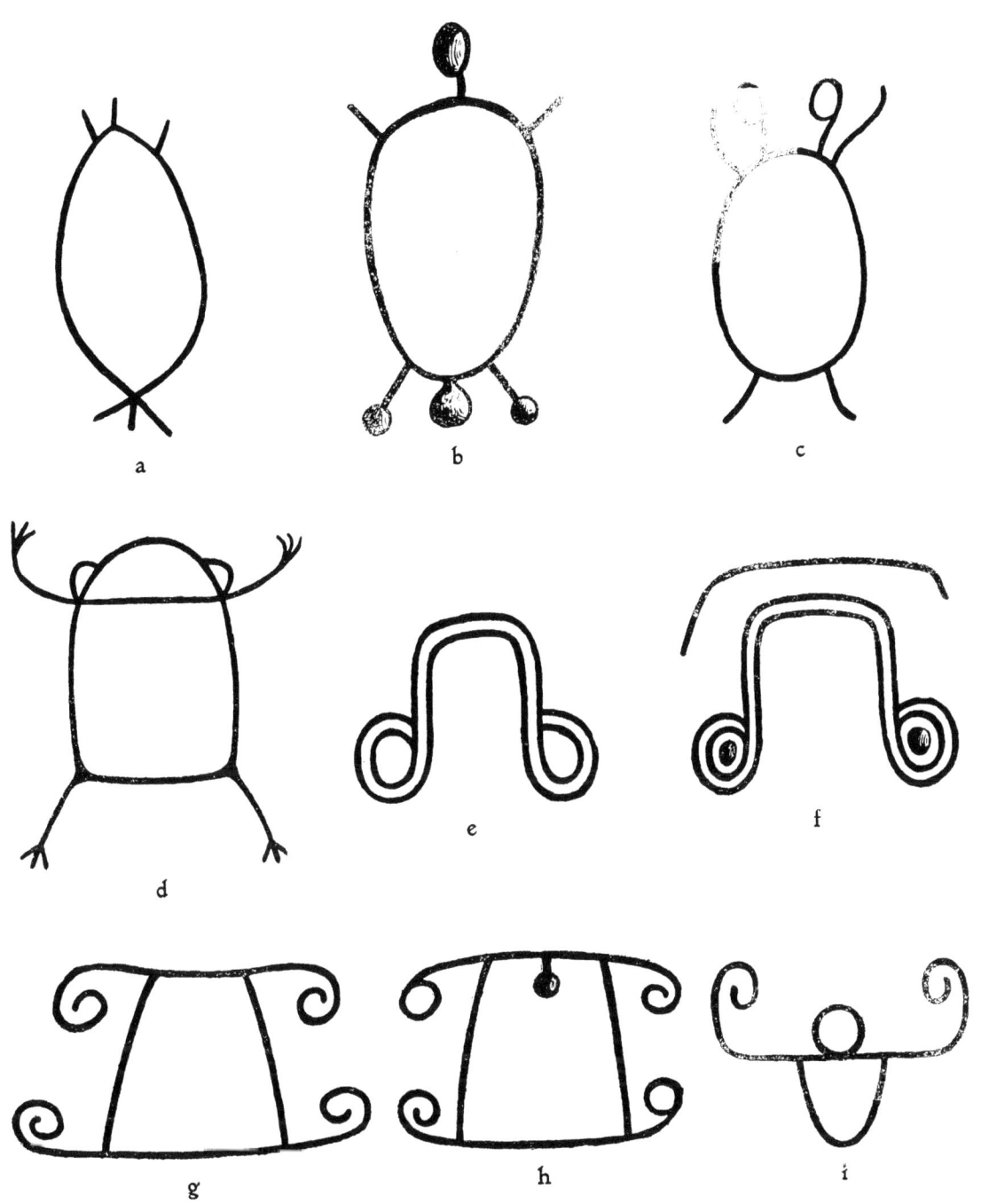

Yakaré-Cachoeira.
Rio Aiarý.

Tafel 12.

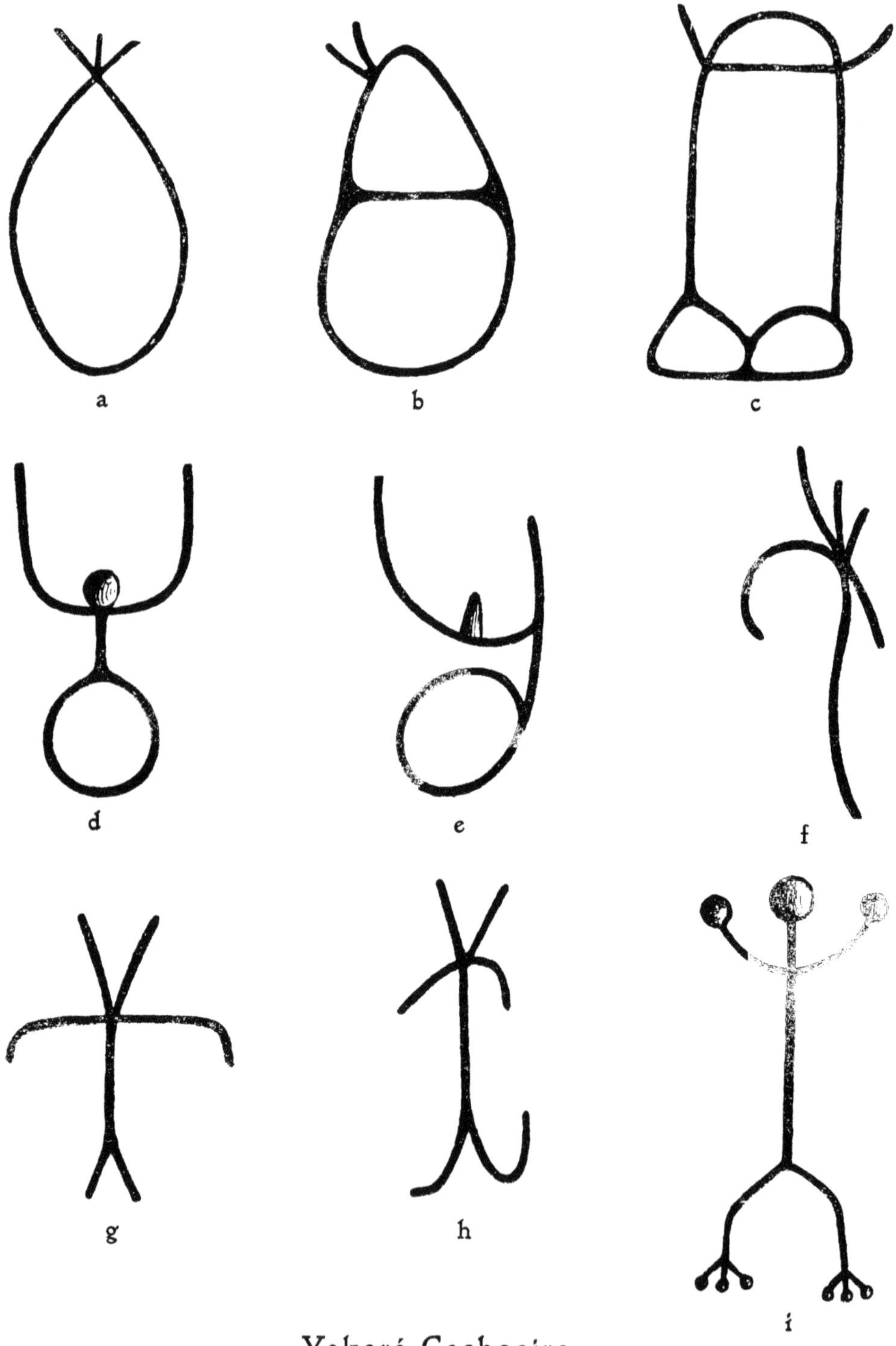

a   b   c

d   e   f

g   h   i

Yakaré-Cachoeira.
Río Aiarý.

Tafel 13.

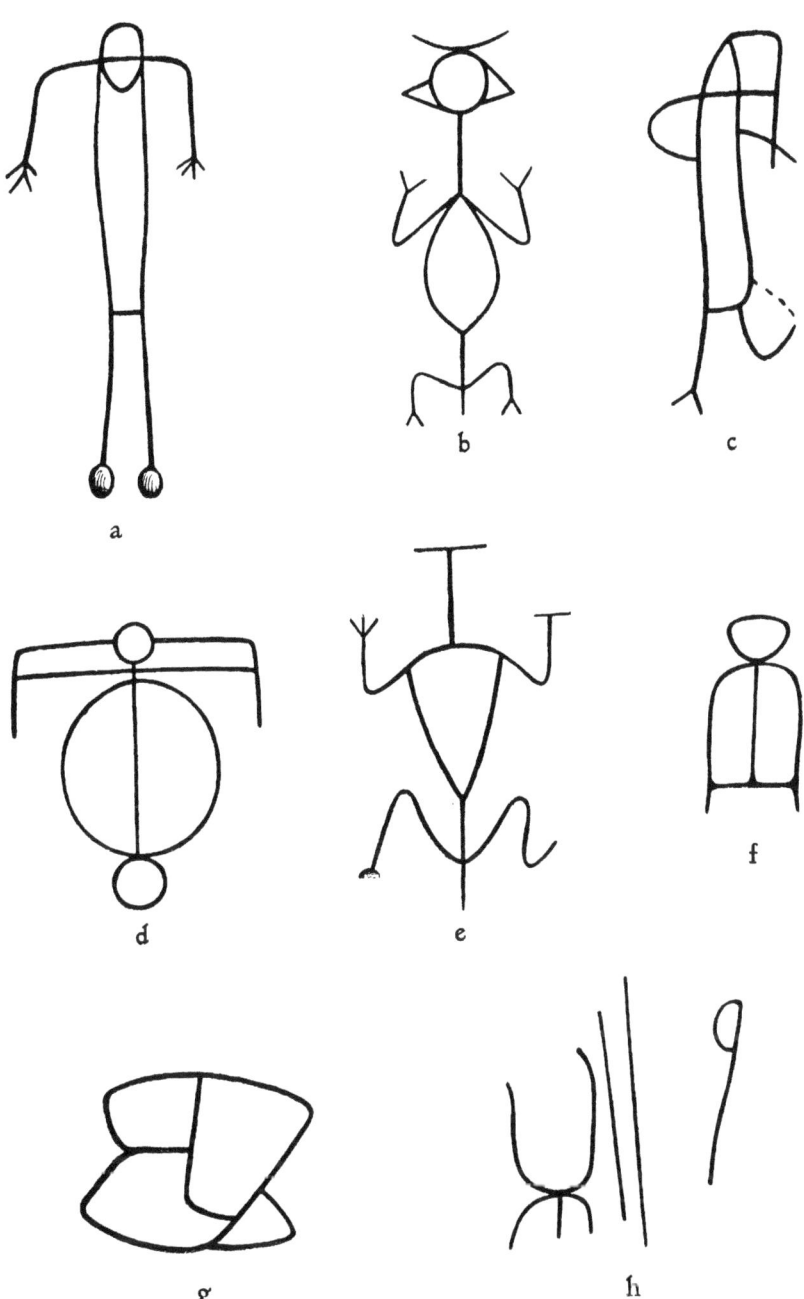

Yauareté-Cachoeira.
Río Caiarý-Uaupés.

Tafel 14.

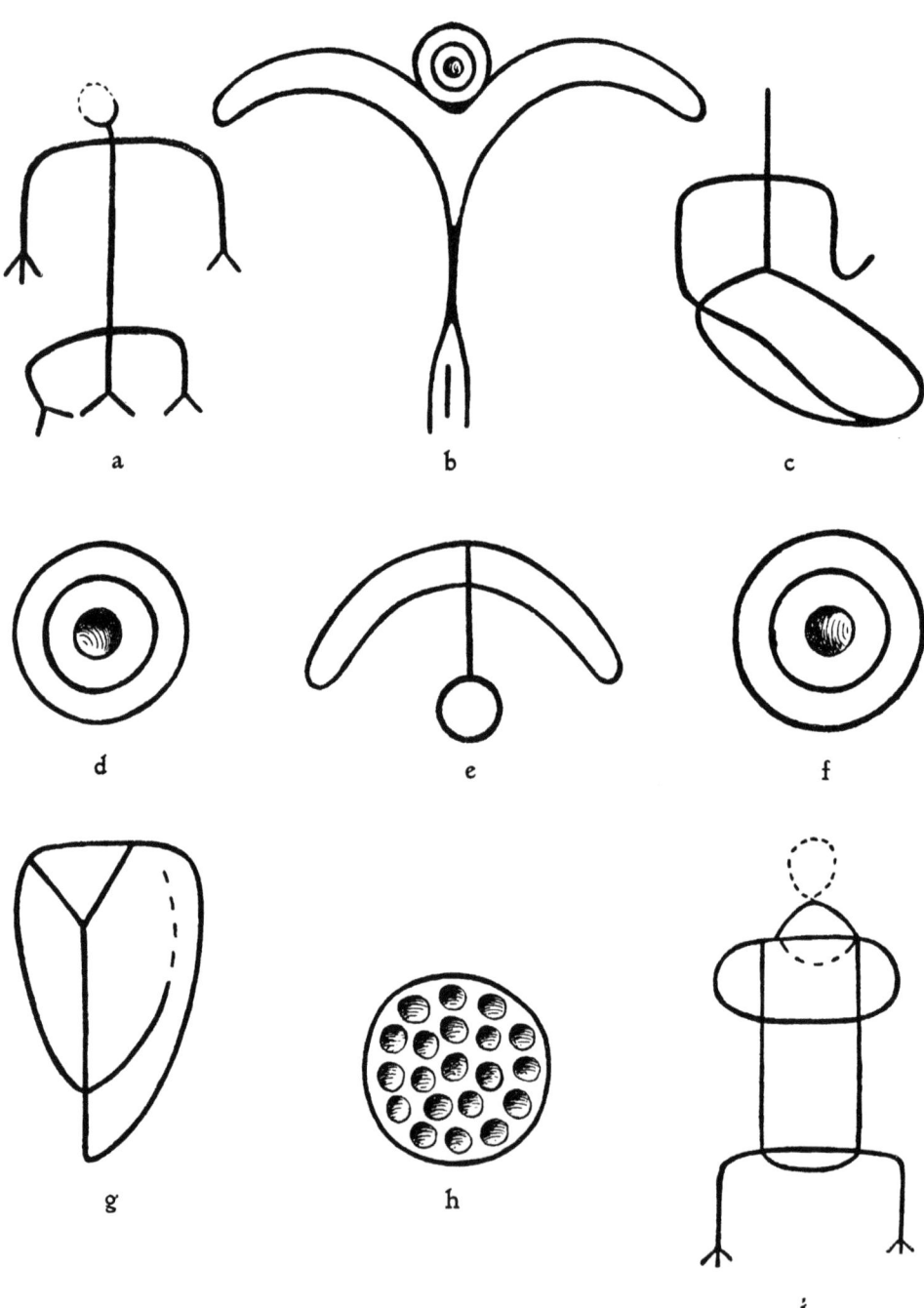

Yauareté-Cachoeira.
Rio Caiarý-Uaupés.

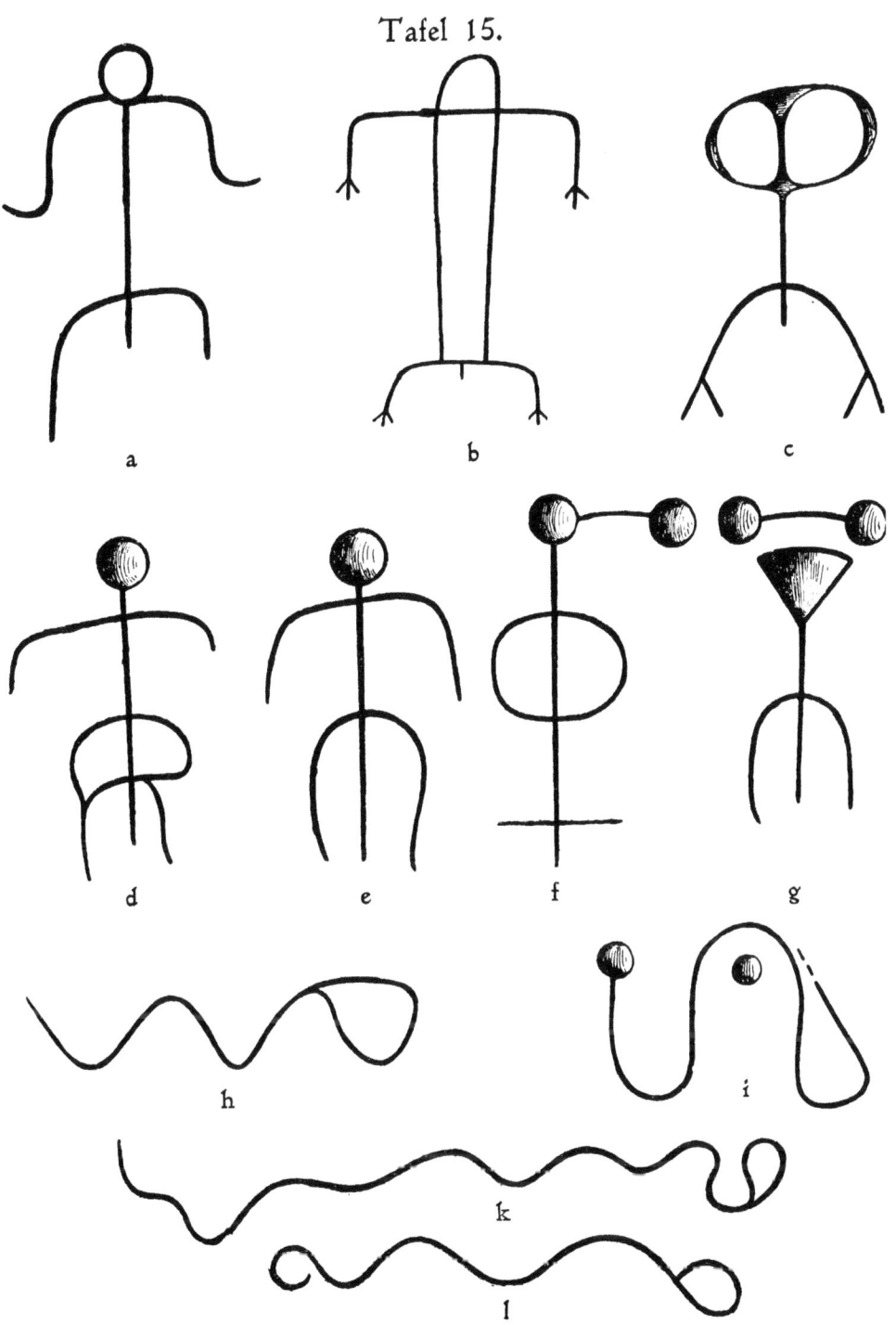

Tafel 15.

Yauareté-Cachoeira.
Rio Caiarý-Uaupés.

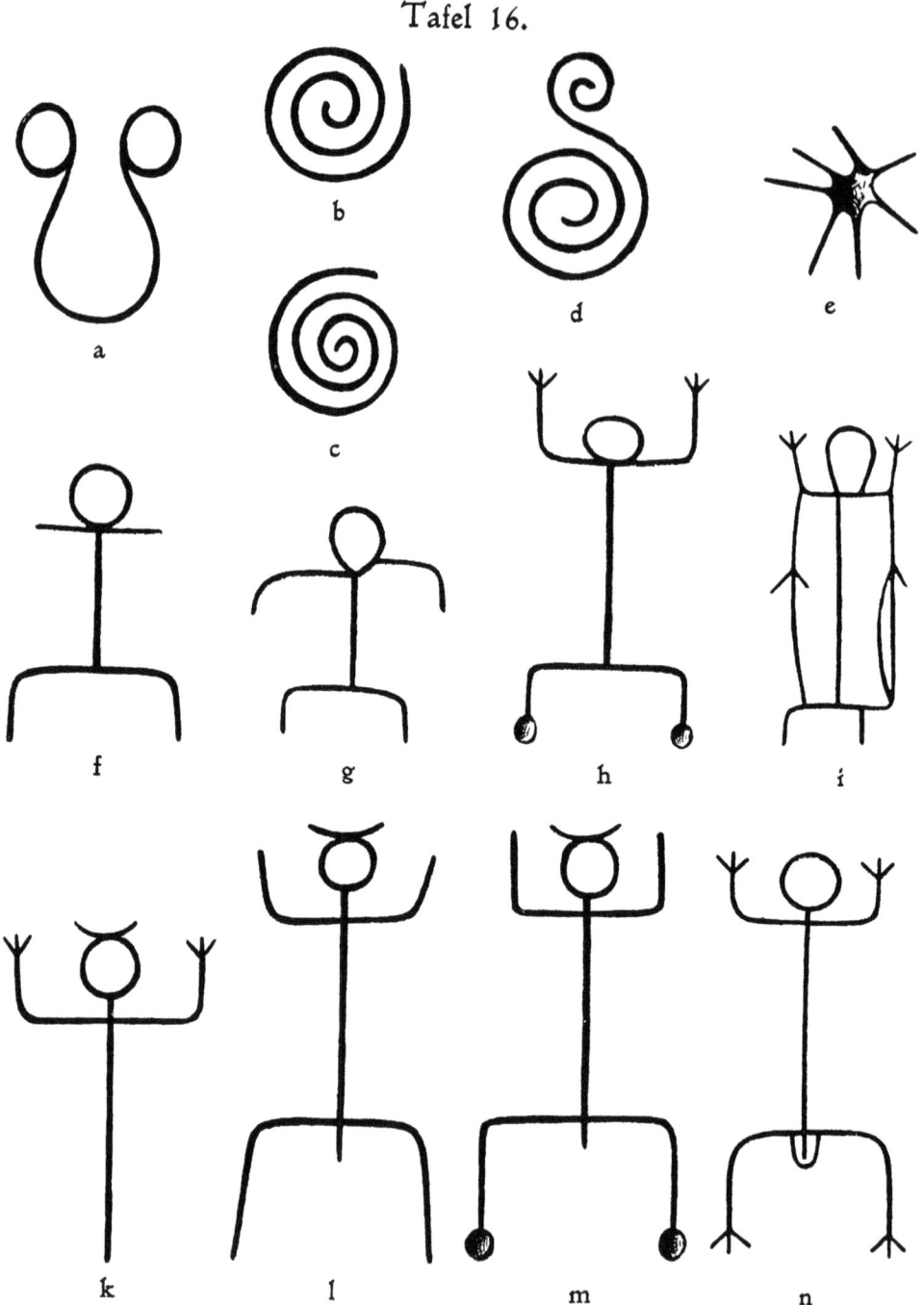

Uakariáka-Cachoeira. Fig. a.
Umarí-Cachoeira. Fig. b—n.
Río Caiarý-Uaupés.

Tafel 17.

Arára-Cachoeira.
Río Caiarý-Uaupés.

Tafel 18.

Karurú-Cachoeira.
Rio Caiarý-Uaupés.

Tafel 19.

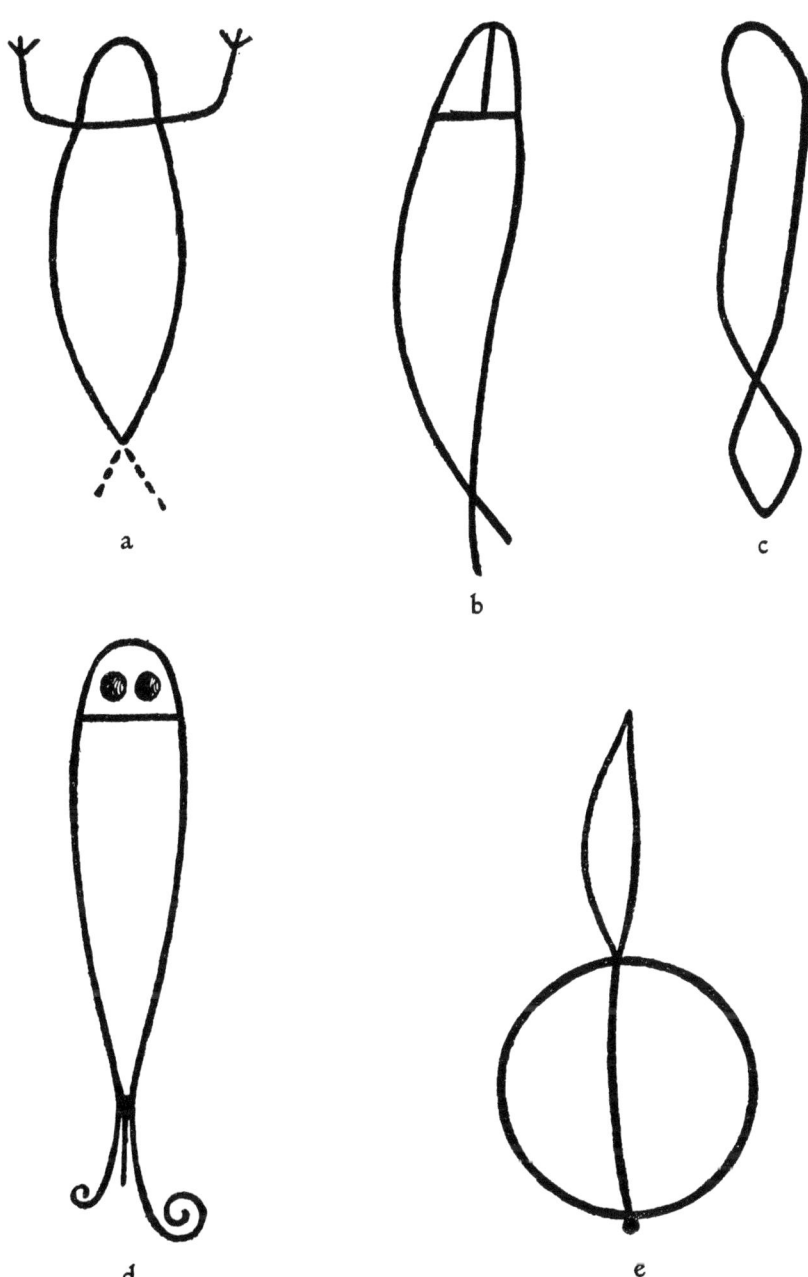

Karurú-Cachoeira.
Rio Caiarý-Uaupés.

Tafel 20.

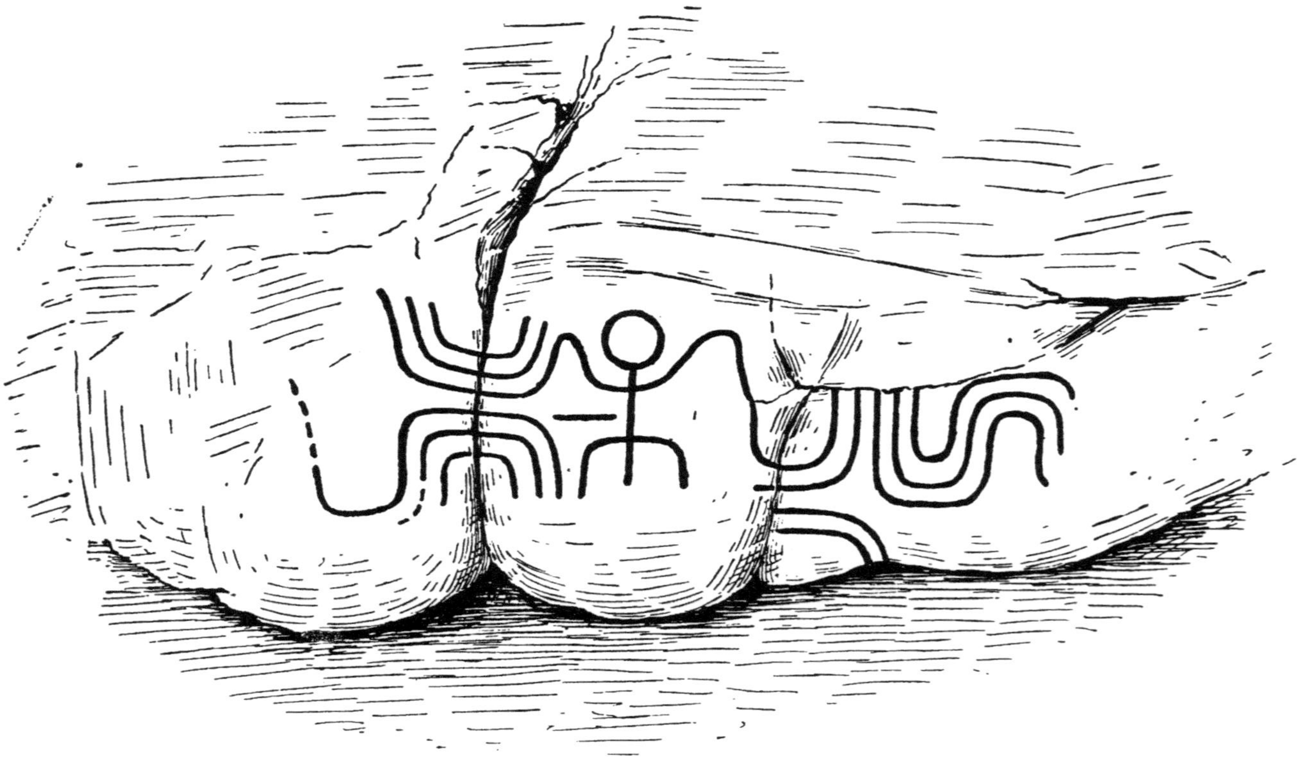

Karurú-Cachoeira.
Rio Caiarý-Uaupés.

Tafel 21.

Makukú-Cachoeira. Fig. a—c.
Naná-Cachoeira. Fig. d—h.
Río Caiarý-Uaupés.

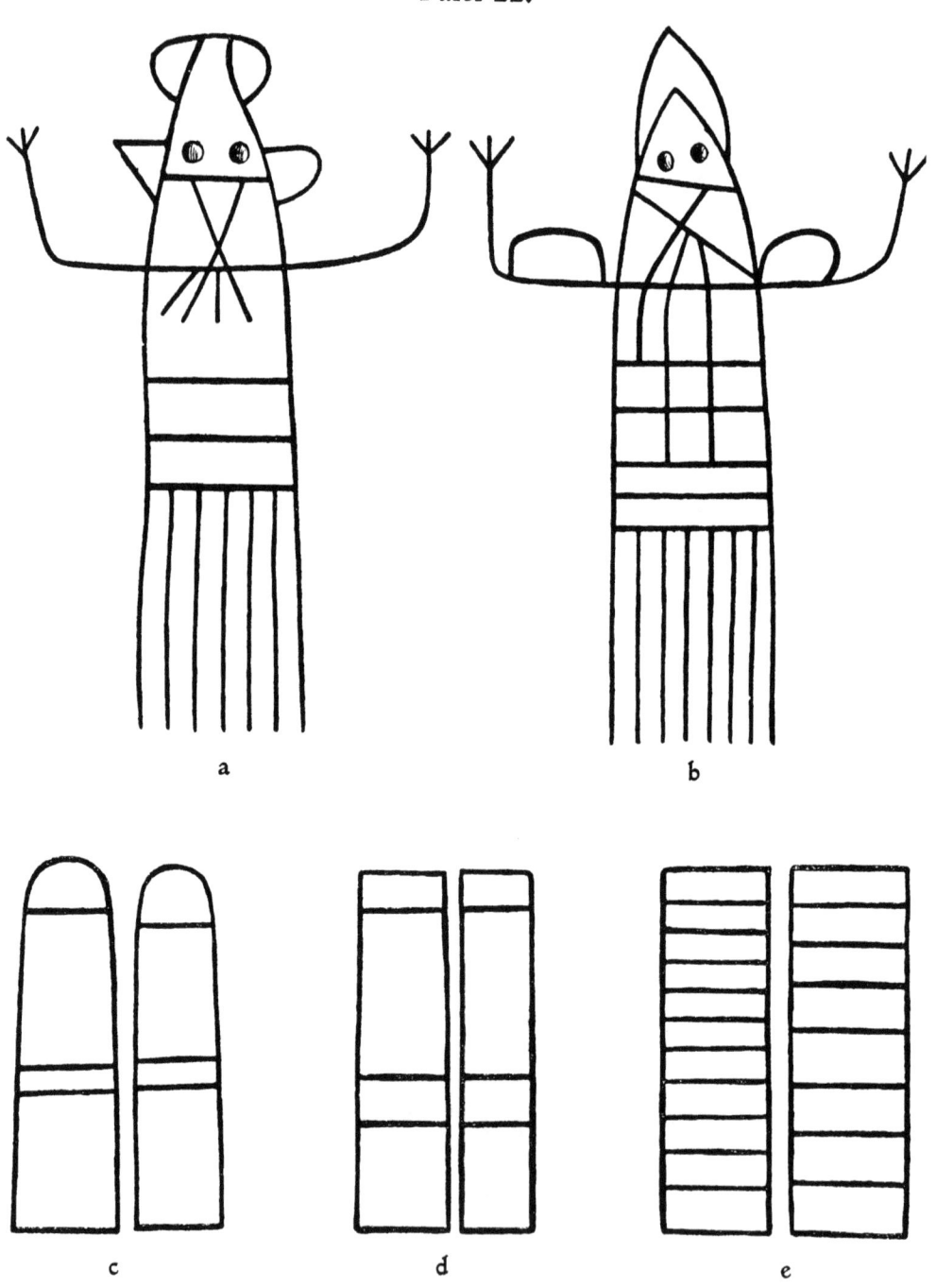

Tafel 22.

Tipiáka-Cachoeira.
Rio Caiarý-Uaupés.

Tafel 23.

Tipiáka-Cachoeira.
Rio Caiarý-Uaupés.

Tafel 24.

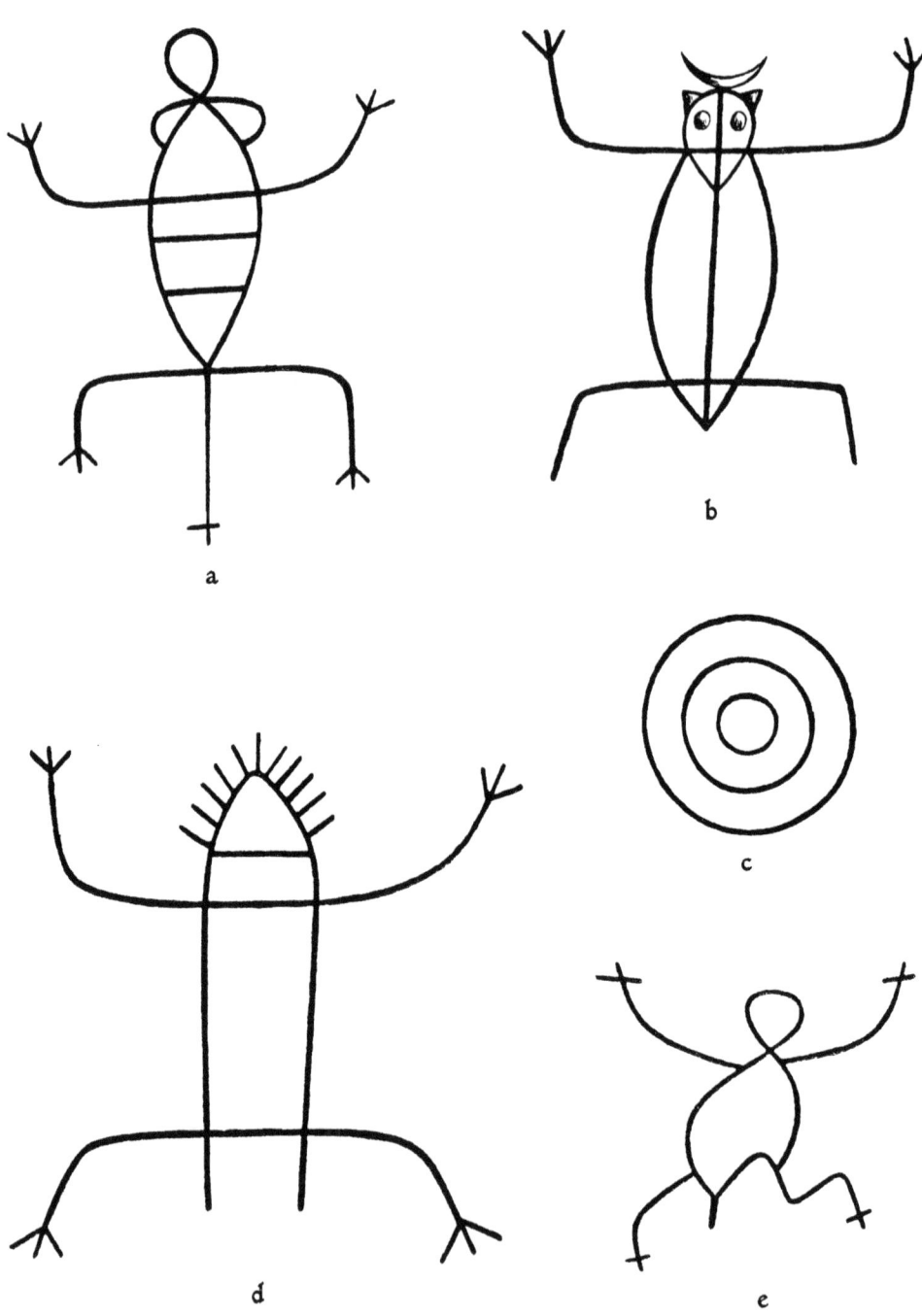

Tipiáka-Cachoeira.
Rio Caiarý-Uaupés.

Tafel 25.

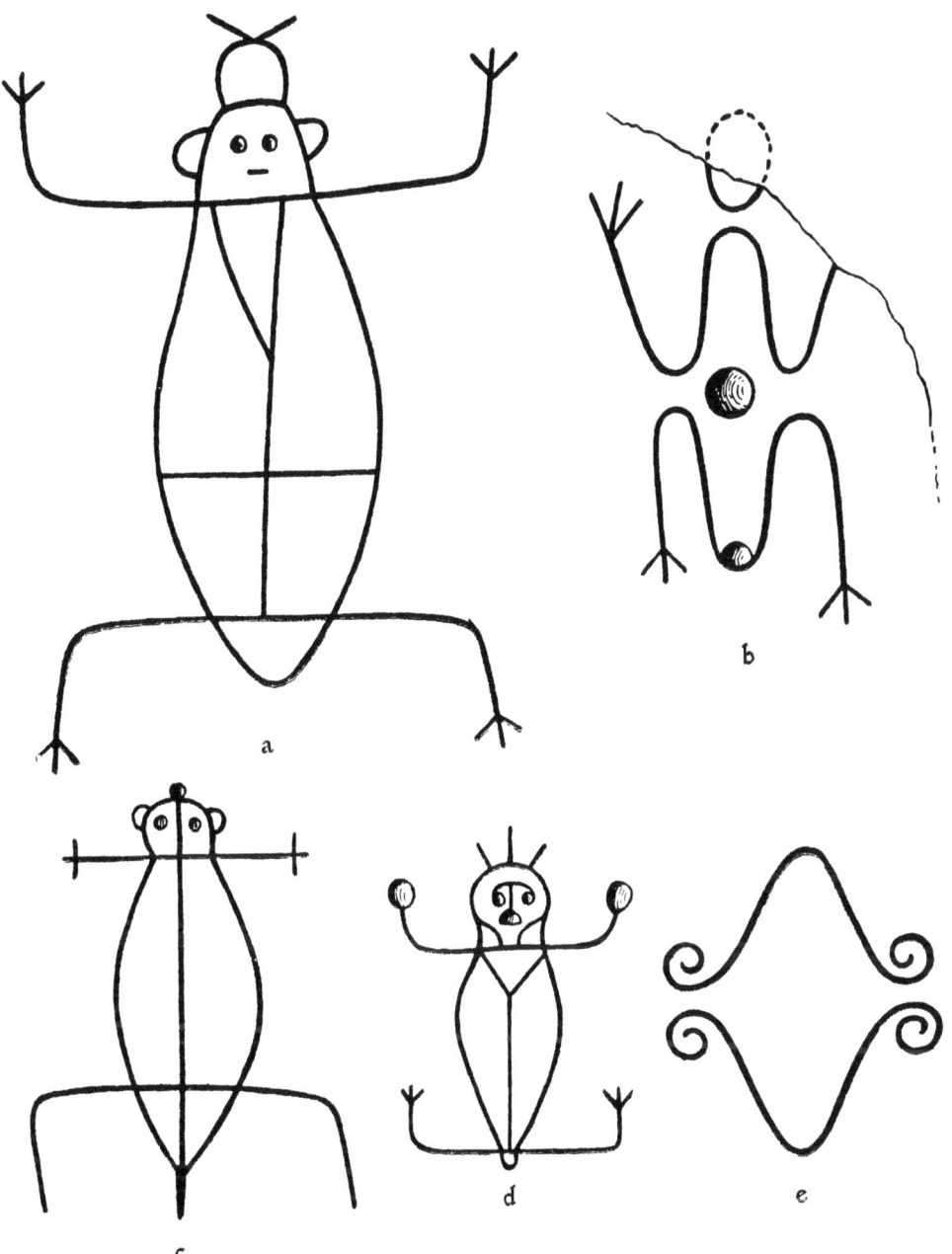

Uarakapurý-Cachoeira. Fig. a. Rio Caiarý-Uaupés.
Tukáno-Cachoeira. Fig. b.
Itapiníma-Cachoeira. Fig. c—d.
Kulídibo. Fig. e. Rio Cuduiarý.

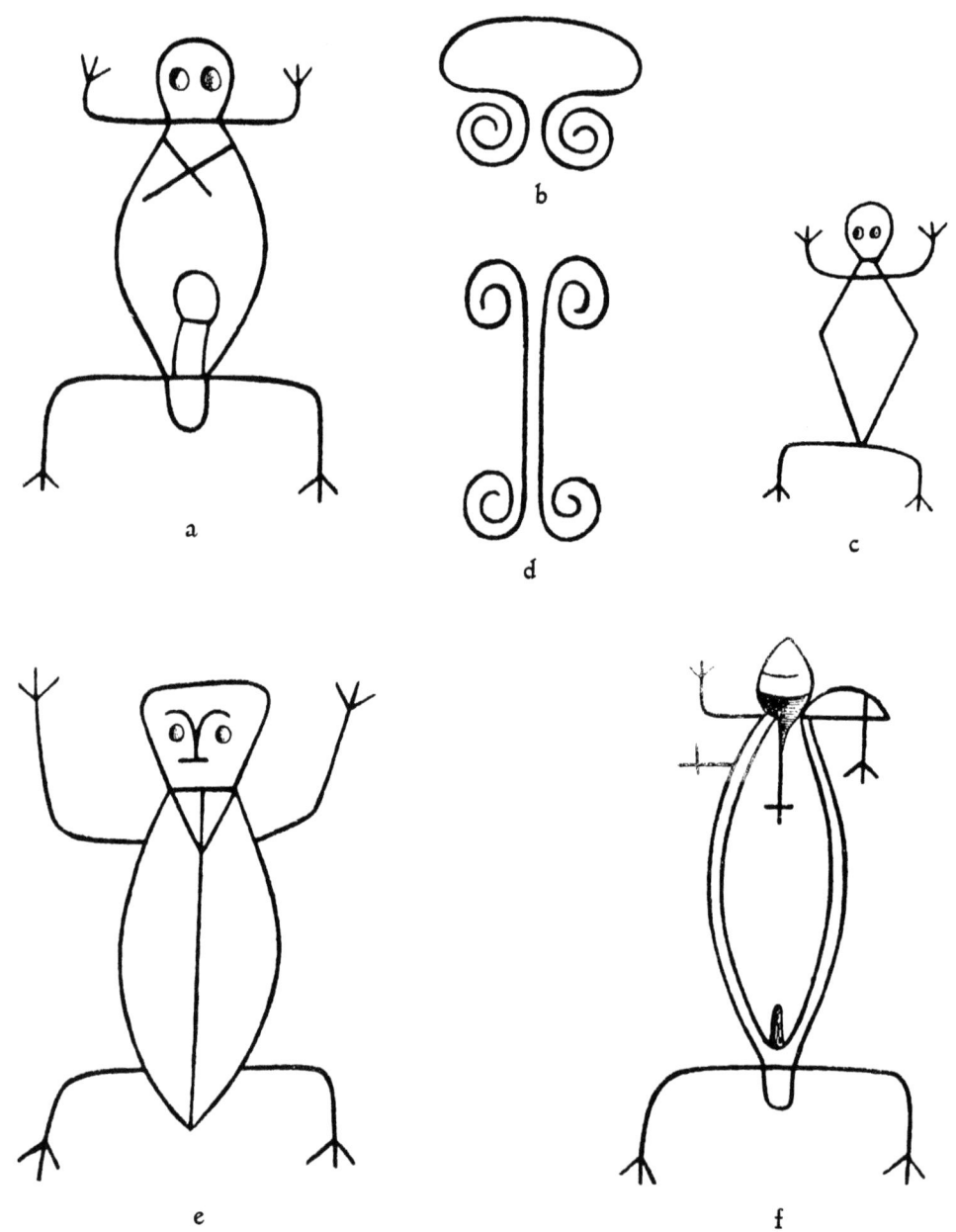

Púpuitukúe. Fig. a—c.
Aí-Cachoeira. Fig. d—f.
Rio Cuduiary.

Tafel 27.

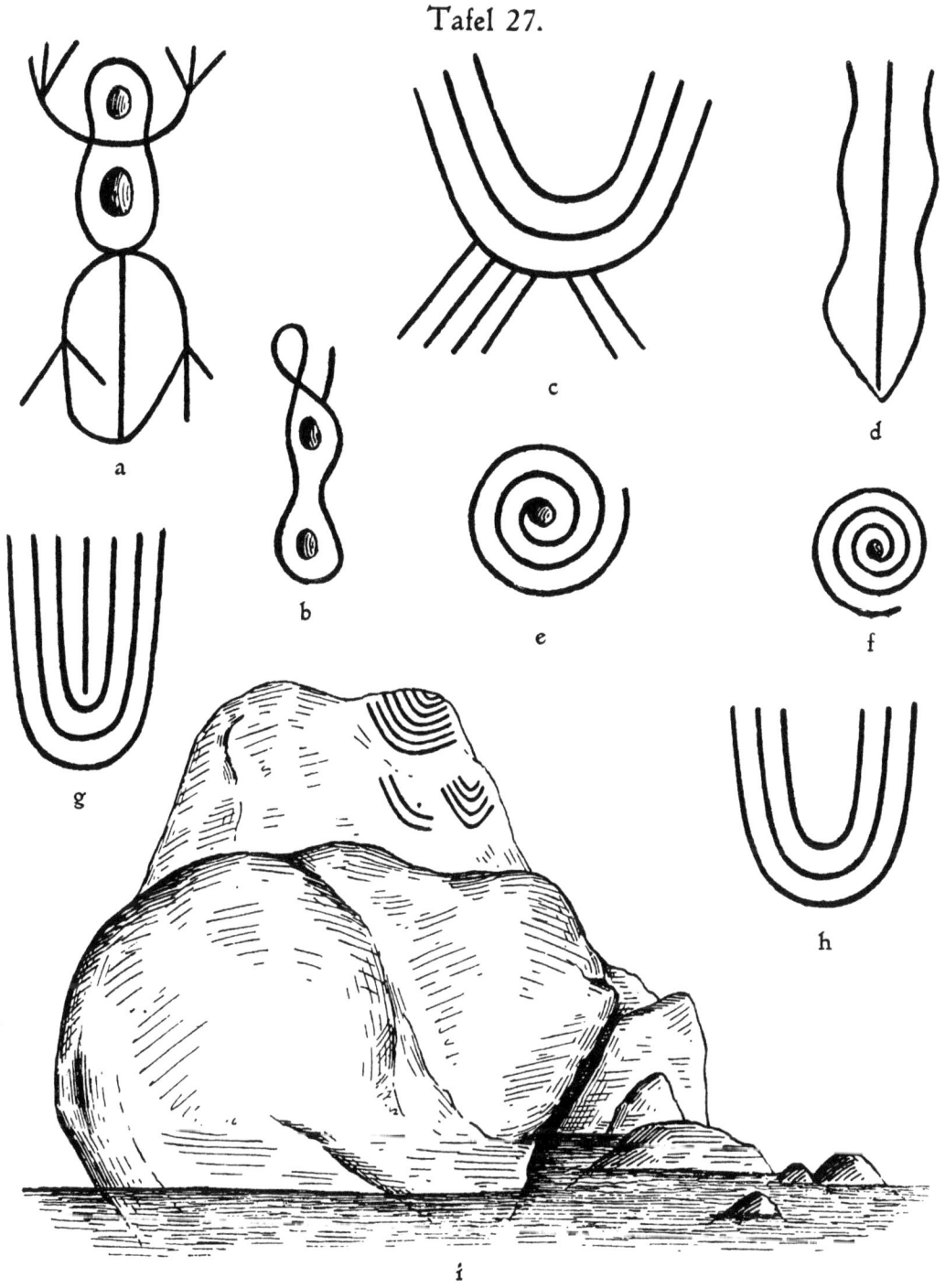

Karurú-Cachoeira. Fig. a—f.
Parý-Cachoeira. Fig. g—i. Rio Tiquié.

Tafel 28.

Kayú-Cachoeira.
Rio Curicuriarý.

Tafel 29.

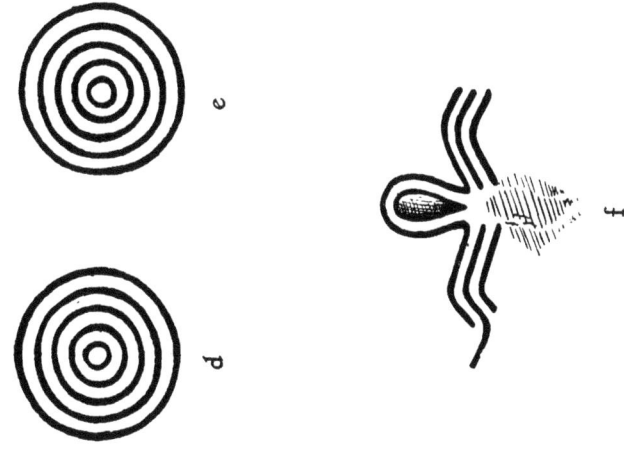

Cachoeíra.
Píra-paraná.

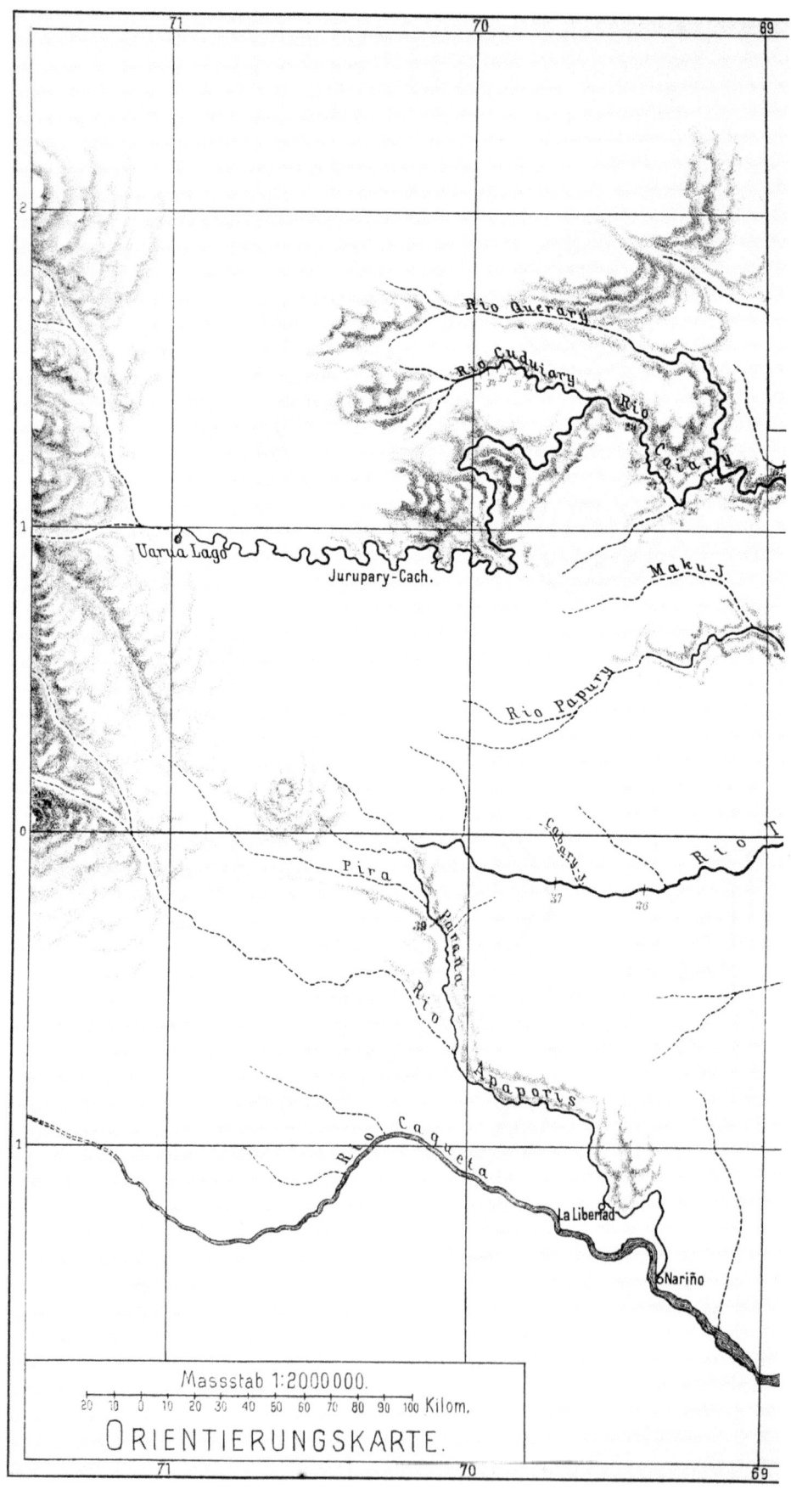

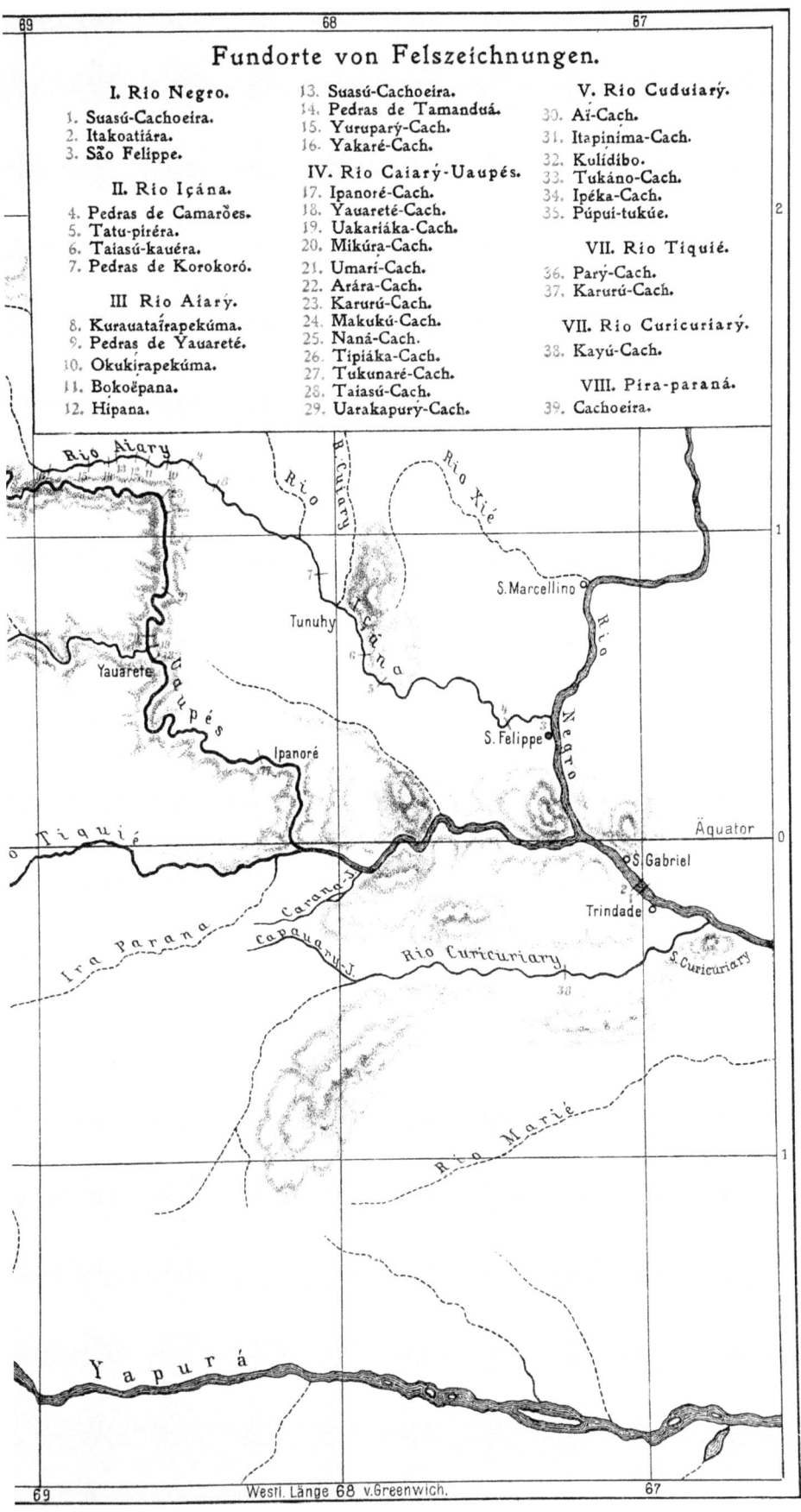

For EU product safety concerns, contact us at Calle de José Abascal, 56–1°,
28003 Madrid, Spain or eugpsr@cambridge.org.

www.ingramcontent.com/pod-product-compliance
Ingram Content Group UK Ltd.
Pitfield, Milton Keynes, MK11 3LW, UK
UKHW051251180426
11947UKWH00020B/1649